Gerhard Schneemann

Die Irrtümer über die Ehe

Gerhard Schneemann

Die Irrtümer über die Ehe

ISBN/EAN: 9783744627047

Hergestellt in Europa, USA, Kanada, Australien, Japan

Cover: Foto ©Suzi / pixelio.de

Weitere Bücher finden Sie auf **www.hansebooks.com**

Die

Irrthümer über die Ehe.

Von

Gerhard Schneemann,
Priester der Gesellschaft Jesu.

Zweite, verbesserte und vermehrte Auflage.

––––––––

Freiburg im Breisgau.
Herder'sche Verlagshandlung.
1866.

Einleitung.

1. **Auf** Erden gibt es einen steten Fortschritt, im Guten wie im Bö=
sen. Hat das Herz einmal gründlich mit den Gesetzen der höhern Ord=
nung gebrochen, so sucht es auch den Geist in diese Revolution zu ver=
wickeln, und nur zu leicht gelingt es ihm. Beide stehen mit einander
in inniger Verbindung. Der Geist muß also Grundsätze aufstellen,
welche den Abfall des verderbten Herzens rechtfertigen. Dabei bleibt es
nicht. Nichts wirkt verführerischer auf den Menschen, als was seinen
Leidenschaften schmeichelt. Haben sich einmal jene Grundsätze Bahn ge=
brochen, so bewirken sie naturgemäß Verderbniß in immer weitern Krei=
sen; menschliche Gesetze, Einrichtungen, Strafen helfen dann wenig, eine
göttliche Macht muß eingreifen.

Dieß Alles zeigt sich klar und deutlich bei dem Gegenstand, den
wir im Folgenden behandeln. Der Schöpfer der Natur hat der mäch=
tigsten aller Neigungen in der einen unauflöslichen Ehe Zügel angelegt.
Der verderbte Mensch lehnt sich fort und fort gegen diese Ordnung
auf. Nur eine göttliche Kraft ist fähig, solche Angriffe zurückzuwei=
sen; nur sie vermag den verderblichen Grundsätzen entgegenzutreten, die
der Geist zur Entschuldigung seiner Auflehnung erfunden hat. Danken
wir darum Pius IX., daß er die ganze Macht seines ihm von Gott
verliehenen Ansehens aufgeboten hat, um die von der Natur und dem
Christenthum geforderte Heiligkeit der Ehe durch seine Encyclica zu
schützen.

Hiermit ist der Gang dieses Versuches angedeutet; er soll keine
vollständige Abhandlung über die Ehe liefern, er enthält nur flüchtig
hingeworfene Skizzen, um die Grundsätze, welche die letzte Encyclica
durch die Verwerfung der im Syllabus mit Nr. 65—74 bezeichneten
Propositionen aufstellt, zu erläutern und zu vertheidigen. Deßhalb wer=
den wir an erster Stelle die einschlägigen Bestimmungen des Natur=

rechtes und der christlichen Religion erörtern, darauf zeigen, wie die Päpste zum Wohle der menschlichen Gesellschaft die hohe, von der Natur und der christlichen Offenbarung dem Ehebunde gegebene Würde fortwährend gegen die Ausbrüche der menschlichen Willkür und die verderbten Grundsätze einer irregeleiteten Wissenschaft vertheidigten. Hiermit werden wir den wichtigsten Theil unserer Arbeit vollendet und die maßgebenden Principien erläutert haben. Nachdem dieß geschehen, wird es dann nicht mehr schwer sein, die Bestimmungen der Encyclica im Einzelnen zu erklären und zu begründen. Gelehrte Erörterungen sind soviel als möglich vermieden. Deßhalb war es nothwendig, für diejenigen, welche die Sache weiter studieren wollen, einige Citationen beizufügen.

I. Bestimmungen des Naturrechtes über die Ehe.

2. Gott hat zur Erreichung seiner Absichten den Geschöpfen natürliche Neigungen und Triebe eingedrückt; dieselben sind bei den Thieren durch den Instinct geordnet, bei den freien Menschen sollen sie durch die Vernunft geregelt und vor Verirrung bewahrt werden. Unter den natürlichen Trieben regt sich wohl am mächtigsten und geheimnißvollsten derjenige, welcher die Erhaltung des menschlichen Geschlechtes zum Zwecke hat [1]. Eben wegen dieser großen Gewalt, die er auf das gesammte Leben des Menschen ausübt, wegen seiner unerklärlichen Reize, womit er den Unbehutsamen verlockt, sind seine Ausschweifungen ebenso leicht als verderblich. Er bedarf mithin ganz besonders des regelnden Gesetzes, damit er nicht den Menschen unaufhaltsam in's Verderben ziehe. Je größer die Triebkraft, desto schrecklicher ist ja ihre Wirkung, wenn sie auf falsche Bahnen geräth. Ein Pfeil, der mit gewaltiger Schnellkraft nach dem Ziele fliegt, zersplittert in tausend Stücke, wenn er durch einen Fehlschuß auf ein Felsstück prallt; und ein Schiff, welches durch den Orkan aus dem Fahrwasser kommt, muß zerschellen, wenn es auf ein Riff geworfen wird; und das feurige Roß, das mit unglaublicher Wucht auf eisernen Wegen dahinbraust, bringt das entsetzlichste Verderben Allen, die es führt, wenn es aus den Schienen geräth! Je größer also die Kraft ist, desto schrecklicher der Untergang, den sie durch ihre Abirrung bringt. Darum muß auch der Ruin unermeßlich groß

---

[1] Balmes, der Protestantismus verglichen mit dem Katholicismus. Kap. 25.

sein, wenn der gewaltigste der Triebe die von der sittlichen Natur ge=
setzten Schranken durchbricht.

Doch was such' ich viel zu beweisen; die unglückseligen Folgen die=
ser Ausschweifung werden ja allgemein von der Vernunft anerkannt,
ihre Bitterkeit ist von Unzähligen schon empfunden, verkostet, beweint.
Genug also hievon. Sehen wir lieber, welche Schranke die Natur an=
geordnet hat.

Hierauf ist die Antwort leicht. Es ist die unauflösliche Ehe.

3. Unter allen Thatsachen, sagt von Rabowitz [1], welche die Ge=
schichte des Menschengeschlechtes zeigt, ist die Ehe die universellste; sie ist
allen Völkern, allen Zeiten, allen Religionen gemein. Hieraus zieht der
genannte Schriftsteller mit Recht den Schluß, daß sie in der Natur des
Menschen begründet ist. Denn Wirkung und Ursache stehen mit ein=
ander in Verhältniß; darum kann eine so allgemeine Thatsache nur aus
der Allen gemeinsamen Natur erklärt werden. Halten wir dieses fest,
es gibt uns über Manches Aufschluß: Die Ehe ist eine Einrich=
tung der Natur.

Eine andere Thatsache ist diese: je unverdorbener ein Volk war,
desto weniger kamen Ehescheidungen vor; mit der sittlichen Verkommen=
heit nahm auch dieses Uebel zu. Die Ehescheidung ist mithin eine Folge
des Verderbnisses, die Unauflöslichkeit aber eine Frucht der
sittlichen Natur [2]. Suchen wir dieses tiefer zu begründen [3].

4. Die Ehe bewirkt eine ebenso andauernde als innige Lebens=
gemeinschaft zwischen Mann und Weib. Ihr erster Zweck ist offenbar
die Erhaltung und Erziehung des Menschengeschlechts, die vom Schöpfer
gewollt, aber in der gegenwärtigen Ordnung der Natur ohne Ehe nicht
erreicht werden kann. Kein Geschöpf wird nämlich hülfloser geboren als
der Mensch. Selbst zur Erhaltung des körperlichen Lebens bedarf das
Kind lange, lange Zeit der Pflege seiner Eltern. Dieß gilt noch mehr
von der Ausbildung der Seele; während das vernunftlose Thier durch

---

[1] Schriften. V. 54. v. Moy, Archiv für Kirchenrecht. I. 515.

[2] Taparelli, Versuch eines Naturrechtes. Deutsche Ausgabe Regensburg 1845.
II. 351.

[3] Außer dem ebengenannten Schriftsteller siehe besonders Walter, Naturrecht
und Politik. S. 131. Wilmers, Lehrbuch der Religion IV. 614, ein Werk, das mit
großer Klarheit und Gründlichkeit die schwierigsten theologischen und philosophischen
Fragen behandelt; von den älteren Autoren S. Ambrosius, in Luc. VIII. S. Thomas, cont. gent. III. 123. Estius, in sent. I. IV. d. 33. § 7. Tournely, cursus
theol. de sacr. matr. q. 5. a. 2.

Inftinfte die ihm eigenthümliche Vollkommenheit sofort erlangt, bedürfen die im Menschen schlummernden Anlagen und Kräfte zu ihrer Entwick= lung einer vieljährigen Erziehung; auch hiefür ist wiederum eine dauernde Pflege von Seiten der Eltern vonnöthen. Die Ernährung und Erzie= hung der Kinder fordern mithin gebieterisch eine andauernde Lebensge= meinschaft der Eltern, die Beständigkeit der Ehe und zwar bis zum Tode der Gatten. Denn die meisten Menschen leben kaum so lange, als nöthig ist, um für die Erziehung ihrer Kinder zu sorgen; viele Eltern sterben, noch bevor diese das erwachsene Alter erreicht haben, die meisten steigen in die Gruft, ohne daß sie für die Jüngsten ausreichend sorgen konnten. Diese Wahrheit erhellt aus den Tabellen, die man über die Lebens= dauer zusammengestellt hat, und auch ohne daß Berechnungen nothwen= dig wären, zeigt sie uns die tägliche Erfahrung. Wenn die Eltern fünf= zig oder sechzig Jahre erreicht haben, sind ihre ältesten Kinder nicht über zwanzig oder dreißig hinaus, und auf diese folgen andere, die noch nicht im Stande sind, für ihre Subsistenz zu sorgen, und noch weniger, die Klippen der Welt unversehrt zu vermeiden. Diese Thatsache ist von der größten Wichtigkeit, um die Nothwendigkeit zu zeigen, daß das Band der Ehe durch das ganze Leben hindurch dauere, und daß Mann und Frau vereint für die Kinder sorgen, welche die Vorsehung ihnen anver= traut hat. Ohne diese Beständigkeit der Verbindung wären viele Kin= der vor der Zeit verlassen und würde die Ordnung der Familie und der Gesellschaft gestört. Die kurze Lebenszeit, welche dem Menschen ge= währt ist, deutet ihm an, daß er, anstatt nach der Laune seiner Leiden= schaften umherzuschweifen, neue Bande zu knüpfen und gleichzeitig ver= schiedenen Familien den Ursprung zu geben, sich beeile, für diejenigen zu sorgen, die er hat, weil mit schnellen Schritten der Augenblick heran= naht, wo er in's Grab niedersteigen muß [1].

Doch nicht nur die Jugend der Kinder ist schwach; nicht minder gebrechlich ist das Alter der Menschen, die dann auf ihre Kinder als eine natürliche Stütze hingewiesen sind; diese Hülfsbedürftigkeit des Alters fordert somit die Beständigkeit der Familie und mithin die Festig= keit der Ehe. Denn das Erste ist ohne das Zweite undenkbar; die Ehe ist die Grundfeste der Familie, man kann nicht an diesem Fundamente rütteln oder es gar durch die Ehescheidung zerstören, ohne auch der Familie den Ruin zu bringen.

---

[1] Balmes, Elemente. D. Ausg. von Lorinser. III. 68.

5. Die natürlichen Bedürfnisse fordern also die stete Dauer der Familienbande und der Ehe; dasselbe verlangen die natürlichen Neigungen. Zu diesen gehört offenbar die eheliche Liebe. Ihre geheimnißvolle, wunderbare Stärke weist, wie der hl. Chrysostomus[1] richtig bemerkt, auf den Schöpfer als ihren Urheber hin. Nun, worauf zielt diese Neigung? Man hat viel in Romanen von Schwüren ewiger Treue gefaselt; etwas Wahres liegt diesen doch zu Grunde, daß nämlich die eheliche Liebe ihrer Natur nach keine Scheidung kennt[2]. Dieß ist die Ursache der auffallenden Erscheinung, „daß, obwohl das protestantische Dogma die Ehescheidung zuläßt, dennoch alle wahren christlichen protestantischen Eheleute ganz von dem Gedanken der Unauflöslichkeit ihrer Verbindung erfüllt sind: so denken, fühlen, leben, als ob es keine Trennung vom Bande für sie gäbe"[3]. Denn es bleibt auch in dieser Beziehung wahr, was schon Cicero mit den schönen Worten aussprach[4]: Stärker als die falschen Grundsätze der irrenden Vernunft sind die Principien der sittlichen Natur. Nach dem Gesagten steht also fest: die eheliche Liebe bestimmt ihrem Wesen nach die Menschen, mit ernster, unwiderruflicher Absicht eine Verbindung auf Freud' und Leid für das ganze Leben einzugehen. Diese Gesinnung trägt Jeder bei der Eingehung der Ehe in sich, er setzt sie auch bei dem Andern voraus und rechnet auf deren unerschütterlichen Bestand.

In ähnlicher Weise verhält es sich mit den übrigen natürlichen Neigungen, welche die Familie verknüpfen, der Eltern= und der Kinderliebe. Beide umfassen die Zeit des ganzen Lebens. Niemand zweifelt daran. So hat die Natur mit einem dreifachen Bande die Familie und mithin auch ihre natürliche Grundlage, die Ehe, verbunden, sie vor Auflösung durch die innigsten, zärtlichsten, wunderbarsten, heiligsten Neigungen bewahrt.

Man wende dagegen nicht ein, die Eltern= und Kinderliebe vereinige nur die Kinder mit ihren Eltern. Unmittelbar freilich, mittelbar aber auch Vater und Mutter. Sehen wir doch selbst in der Natur, um eine sinnige Bemerkung des hl. Thomas anzuführen, daß unter den Vögeln die Sorge für die Jungen Männchen und Weibchen zusammen=

---

[1] Comment. in ep. ad Ephes. V. 32.
[2] v. Moy, Grundlinien einer Philosophie. I. 116. W. v. Humboldt, die Grenzen der Wirksamkeit des Staates. S. 29.
[3] v. Ketteler, Freiheit, Autorität, Kirche. XXIX. 194.
[4] De finibus. II. 18. n. 58.

hält! In der That, nehmen wir den Fall der Ehescheidung an, was geschieht? Der Vater oder die Mutter trennt sich von den Kindern und überläßt sie Stiefeltern; denkt, handelt so die Liebe? Gewiß nicht. Diese Liebe zu den Kindern muß aber die Eltern bis zum Tod vereinigen, da sie dieselben antreibt, bis zum Tod mit Rath und That für die Kinder zu sorgen und noch im Tod dieselben zu Erben dessen zu machen, was sie mit ihrem Schweiß für sie gesammelt haben.

Die Liebe, welche die Natur den Kindern in's Herz gepflanzt, fordert gleichfalls die Verbindung der Eltern bis zum Tode, weil sie durch die Ehescheidung, durch die unversöhnliche Trennung zwischen Vater und Mutter, auf das Höchste gekränkt wird. O wie manches Herz unglücklicher Kinder ist nicht schon durch diesen Schmerz gebrochen! Es bleibt mithin beim Gesagten, die natürlichen Neigungen erheischen die stete Dauer der Ehe.

6. Endlich hat die Natur auch die Charaktere, die Eigenschaften, die Anlagen der zwei Geschlechter für eine bis zum Tode währende Lebensgemeinschaft in der Weise geordnet, daß zwei durch das Geschlecht geschiedene Personen die Ergänzung ihres Daseins in einander finden, zwei in voller gegenseitiger Hingebung eine wahre Lebenseinheit bilden, in welcher nur Ein Wille herrscht. Ueber diesen harmonischen Klang, der naturgemäß aus der Verschmelzung des Starken mit dem Zarten entsteht, haben wir schon so oft Dichter gehört; vernehmen wir nun auch einmal einen großen Heiligen [1] über einen einschlägigen Punkt:

„Das menschliche Leben besteht aus öffentlichen Diensten und häuslichen Beschäftigungen, welche Gott unter die beiden Geschlechter vertheilte. Er hat das Weib für die Verrichtungen des Hauses geschaffen, den Mann für die äußern Geschäfte. Das Weib kann nicht auf dem Schlachtfelde kämpfen, nicht auf dem Richterstuhl sitzen, nicht den Staat regieren, aber sie versteht die Arbeiten der Haushaltung, die Erziehung ihrer Kinder, die Ueberwachung der Familie, die Sorge für die Bedürfnisse des Mannes und die Handhabung vieler andern Dinge, die zu betreiben für einen Mann weder schicklich noch leicht wäre. Daher hat die göttliche Vorsehung eine gegenseitige Abhängigkeit angeordnet. Der Antheil des Mannes hat etwas Edleres, er soll die Frau in Ach-

---

[1] Chrysostomus bei Gaume, Geschichte der christlichen Familie. Deutsche Ausgabe. II. 246.

tung und Unterwürfigkeit erhalten; der des Weibes ist minder erhaben, aber darum nicht minder nothwendig, da sie dem Manne fühlbar machen muß, er könne ohne sie nicht bestehen." Auch die andern natürlichen Eigenschaften entsprechen und ergänzen sich in den beiden Geschlechtern [1]. Wenn der Mann stark, kühn, sorglos ist, so kommt dem Weib vielmehr Schwäche, Furcht und ängstliche Berechnung zu; wenn der Mann zum Zorn, zum Unwillen, selbst bis zu rohen Ausbrüchen geneigt ist, wenn die in ihm übersprudelnde Kraft zu sehr nach Außen gekehrt ist, ihn unstet und verschwenderisch macht, so hat der weibliche Charakter Milde, Nachsicht bis zum Uebermaß, ist gefällig, zurückgezogen, rücksichtsvoll und bildet gleichsam ein Centrum von Anziehungskraft zum heimischen Herde. Erst in der Verbindung findet eine natürliche Ausgleichung dessen statt, was das eine Geschlecht zu viel, das andere zu wenig hat, ein harmonisches Verhältniß, welches eben die innigste Lebensgemeinschaft bis zum Tode ermöglicht.

7. Wer sieht also nicht, daß Gott, der Urheber der Natur, das Heiligthum der Ehe mit sorgsamer Hand gebaut, dessen Steine in wunderbarer Weise zusammengepaßt, gefügt, gekittet hat? Was er damit bezweckte, ist klar: dieses Heiligthum sollte allen Stürmen, allen Wechselfällen des Lebens trotzen. Reden wir ohne Bild.

Die natürlichen Bedürfnisse, die natürlichen Neigungen, die natürlichen Eigenschaften und Anlagen zeigen, was wir oben aus der Culturgeschichte erwiesen haben: Die Ehe ist eine Einrichtung der Natur, ihre stete Dauer vom Schöpfer gewollt, ihr Band fest von Gott geknüpft. Alles hat er ja aufgeboten, um in der Ehe, welche er zum Fundament jeder andern Gesellschaft machen wollte, die innigste, dauerhafteste Lebenseinheit zwischen zwei Menschen zu bilden und aus beiden gewissermaßen eine Persönlichkeit zu machen. Ziehen wir hieraus eine allbekannte Folgerung. Was Gott verbunden hat, soll der Mensch nicht trennen [2]. Die Ehe kann nicht durch menschliche Autorität aufgelöst werden.

Es hängt von den Menschen ab, ob sie sich von diesem natürlichen Bande umschlingen lassen oder nicht; sind sie dadurch verknüpft, dürfen sie es nicht zerreißen. Sonst würden sie das Werk des Schöpfers mit frevelnder Willkür zerstören, das Heiligthum zertrümmern, das er so

---

[1] Civiltà catt. I. v. IX. p. 401.
[2] Cf. Corn. a Lapide in Matth. XIX, 7.

forgsam gebaut. Und wenn es gegen das Naturgesetz ist, einen Men=
schen zu zerstückeln, so ist es dasselbe Verbrechen, die natürliche Lebens=
gemeinschaft zu zerreißen, wodurch die Ehegatten gewissermaßen Ein
Mensch geworden sind. Die Ehescheidung ist zudem der Ruin der Fa=
milie, untergräbt deren Beständigkeit, welche die Natur durch die zarte=
sten und zugleich mächtigsten Neigungen sicher zu stellen sucht, spricht
diesen Gefühlen der Liebe Hohn, welche der Schöpfer so tief dem Men=
schenherzen eingepflanzt, ist endlich ein Treubruch, ein Verrath gegen
die Gesinnung, welche die Ehegatten, folgend dem natürlichen Drang
ihrer Seele, bei Eingehung der Ehe sich einander gelobten. Wir dür=
fen deßhalb nicht zweifeln: wenn sich der Wille, das Gesetz des Schö=
pfers aus den sittlichen Neigungen, Bedürfnissen, Beziehungen der
menschlichen Natur erkennen läßt, so ist die Ehescheidung durch das
Naturgesetz verboten.

8. Wir können aber noch auf eine andere Weise das Naturgesetz
erkennen, wenn wir nämlich aufmerksam die natürlichen Folgen einer
Sache für das Gemeinwohl und die Sittlichkeit betrachten; denn ohne
Zweifel hat Gott beides bezweckt und demgemäß das verboten, was
nach dem natürlichen Laufe der Dinge auf Sittlichkeit und Gemeinwohl
unheilvoll einwirkt. Sehen wir also, wie es sich in dieser Beziehung
mit der Ehescheidung verhält.

Die Unauflöslichkeit ist ein nothwendiger Zügel für die gewaltigste
und in ihren Verirrungen verderblichste aller Leidenschaften [1]. Wenn
man ihr Spielraum läßt, greift sie unbändig weiter und vermag nicht,
in ihrem Laufe sich einzuhalten. Die in der Scheidung liegende Aus=
sicht auf die Möglichkeit anderweitiger Befriedigung stachelt die Lust, sie
wird unzufrieden mit der in der Ehe gesetzten Schranke, blickt auf fremde
Schönheit, raubt dem Herzen Ruhe und Besonnenheit, tritt die heilig=
sten Rücksichten mit Füßen, um nur zu erhalten, wonach ihr gelüstet.
Die Leidenschaft kennt eben kein Maß; dieß zeigt sich aber besonders,
wenn ihren Ausbrüchen durch die Aussicht auf Ehescheidung Luft ge=
macht wird. Wo Sitte und Gesetz die Zerreißung des Bandes gestat=
ten, nimmt das Uebel in schrecklichem Maße zu, lockert vollständig die
Ehe und zerfrißt wie ein Krebsschaden das Wohl der Einzelnen und
der Gesellschaft. Diese Erscheinung ist in der Natur der Sache begrün=
det, wir könnten sie eingehend aus der Erfahrung beweisen. Doch ist

---

[1] Balmes, Protestantismus. K. 25.

dieses nicht nothwendig. Sogar unter Protestanten ist man davon überzeugt. Nicht nur die Kirchentage und Conferenzen, sondern auch die preußischen Kammern wurden bei Gelegenheit eines Gesetzentwurfes über die Ehescheidung von Klagen darüber angefüllt [1].

9. Die Statistik Preußens [2] gibt gleicherweise Aufschluß über die Wechselbeziehung zwischen Ehescheidung und Unsittlichkeit. In der Rheinprovinz, wo die wenigsten Ehescheidungen vorkommen (1 auf 18600 Ehen), ist auch die Zahl der unehelichen Geburten am geringsten (im Jahresdurchschnitt 1859—60 kam 1 uneheliche Geburt auf 26,5). Nach der Rheinprovinz hat Westfalen die wenigsten Ehescheidungen und unehelichen Geburten (1 auf 25,8 Geburten). Dann kommt die Provinz Polen; sie zählt schon mehr Ehescheidungen und uneheliche Geburten (1 auf 15,19). Die meisten Ehescheidungen hat Brandenburg (im Kammergericht Berlin kam im Jahr 1857 1 Ehescheidung auf 302 Ehen), aber es kam auch in der Provinz Brandenburg im oben bezeichneten Jahresdurchschnitt 1 uneheliche Geburt auf 8,91. Die unehelichen Geburten sind aber durchaus nicht der einzige Maßstab der Sittlichkeit; einen zuverlässigern gibt uns folgende Klage des Berliner „Kirchenvereins": „Ueber 10,000 unter polizeilicher Aufsicht stehende öffentliche Dirnen, mindestens ebenso viel, die dasselbe Gewerbe im Geheimen betreiben, welch' schauerlichen Blick läßt das in die Tiefe allgemeiner Entsittlichung thun, die man nie für möglich gehalten hätte." Ueber die gänzliche Lockerung [3] der Ehe in Folge der häufigen Scheidungen läßt sich ein Bericht aus der Mark also aus: Wilde Ehen und bigamische Concubinate finden sich fast an allen Orten, je 2, 5, 9, 13, 18 in einfachen Bauerndörfern.

Aehnlich sind auch die Zustände in den nordamerikanischen Freistaaten [4], wo gleicherweise die Ehescheidung überhand genommen hat. Die Prostitution ist in den dortigen Großstädten ungleich höher gestiegen, als in den verrufensten Spelunken der alten Welt. Charakteristisch ist die sichere Thatsache, daß sich die Prostituirten in Amerika häufig durch solche Personen refrutiren, die ohne Noth, aus Passion, zu diesem Lebenswandel aus dem Ueberfluß ihrer wohlhabenden Eltern entlaufen. Nach dem Zeugnisse eines in Nordamerika sehr angesehenen deutschen Arztes geschehen dort mit empörender Schamlosigkeit die un-

---

[1] Jörg, Geschichte des Protestantismus. I. 538 ff.
[2] Franz, Handbuch der Statistik. S. 25. 47.
[3] Jörg a. a. O. S. 541.   [4] Jörg II. 436.

moralischesten Verbrechen inmitten der Familie. Doch genug; denn es ist offenbar, wie innig Unsittlichkeit und Ehescheidung zusammenhängen.

10. Die Unauflöslichkeit der Ehe aber hält nicht nur die böse Lust zurück, sie nährt auch alle häuslichen Tugenden; denn sie festigt die Familienbande, stärkt die Liebe der Ehegatten zu einander und zu den Kindern, treibt zur Eintracht, Geduld, zur größern Sorgfalt im Hauswesen, dessen Besitz den Gatten so mehr gesichert ist. Die Aussicht auf Scheidung wirkt das Gegentheil und die Trennung selbst ruinirt vollends Familienglück und Erziehung.

Schon aus dieser nachtheiligen Einwirkung der Scheidung auf Sitten und Familie ergeben sich ihre schlimmen Folgen für das Gemeinwohl, weil die Familie die Grundlage, Sittlichkeit aber das Heil der Gesellschaft ist. Man bedenke ferner, daß die bürgerliche Gesellschaft nur durch Einigung der Herzen wahrhaft aufblühen kann. Was bewirkt nun die Ehescheidung? Ach, Treue und Glauben schwinden mehr und mehr; man kann ja nicht einmal auf die heiligsten Schwüre bauen! Unter den Familien aber, deren Mitglieder sich scheiden, entstehen tödtliche Feindschaften; so geht zum Nachtheil der Gesellschaft auch dieser Zweck der Ehe völlig verloren, daß sie durch Verschwägerung verschiedene Familien in inniger Liebe fest verbinde.

11. Aus dem bisher Dargestellten erhellt, daß die Unauflöslichkeit der Ehen ihrer Natur nach die heilsamsten Folgen für die guten Sitten hat, während die Ehescheidung gerade in umgekehrter Weise wirkt. Was folgt daraus? Wir haben es schon oben angedeutet. Gott wird durch sein Gesetz dem Verderben der Einzelnen, der Familie, des Gesammtwohls gewehrt haben, da er ja durch Gesetze selbst die Beziehungen des geringsten Stäubleins geordnet, für das Wohl des kleinsten Wurms gesorgt hat.

Man kann dagegen nicht einwenden, daß, wenn auch im Allgemeinen, doch in Ausnahmsfällen die besagten Folgen nicht mit der Ehescheidung verknüpft seien. Freilich wahr; aber das Gesetz sieht auf das Gewöhnliche, nicht auf Ausnahmsfälle; es bezweckt das Gemeinwohl, gegen das die Nachtheile Einzelner zurückstehen müssen. Dieß gilt ganz besonders von der Ehe, die von der Natur zur Erhaltung und Erziehung des Menschengeschlechtes angeordnet ist, also gerade ihrem ersten Zweck nach auf das Gemeinwohl zielt. Die Leiden und Leidenschaften Einzelner dürfen die Erreichung der erhabenen Absichten nicht in Frage stellen, welche die Natur oder vielmehr ihr Schöpfer durch die

Einſetzung der Ehe verfolgte und welche er nur durch deren Unauflöslich=
keit ſicher ſtellen konnte. Doch auch hier zeigt ſich die Güte Gottes.
Indem er durch ſein Geſetz das Gemeinwohl beabſichtigt, ſorgt er zu=
gleich für die Wohlfahrt der Gatten. Denn, um nur Eines anzufüh=
ren, das Glück der Ehe iſt dahin, wenn man dem Gedanken an Schei=
dung Raum gibt. Dieſen Gedanken durch die Unauflöslichkeit völlig
abſchneiden, muß den Frieden, das Wohl der Gatten förbern. Auch
können Gefahren und Nachtheile, ſollten ſie in Ausnahmsfällen aus dem
Zuſammenleben entſtehen, durch eine Scheidung von Tiſch und Bett be=
ſeitigt werden; man braucht darum das Eheband ſelbſt nicht zu zer=
reißen.

12. Noch weniger ſind die zu hören, welche, wie die Eingehung,
ſo auch die Auflöſung der Ehe vom Willen der Gatten abhängig ma=
chen. Die Ehe iſt, wie wir wiederholt geſagt haben, eine Einrichtung
der Natur. Es ſteht dem Menſchen frei, ſie einzugehen oder nicht; im
erſten Fall muß er aber auch alle Folgen, Eigenſchaften, Pflichten, die ſich
aus dieſem natürlichen Verhältniſſe ergeben, anerkennen. Du magſt nach
Belieben Feuer anzünden; thuſt du es aber, ſo mußt du die natürlichen
Folgen: Hitze, Licht u. ſ. w. tragen. Was von den materiellen Dingen
der Natur gilt, iſt auch von ihren ſittlichen Verhältniſſen zu ſagen. Wer
Vater geworden iſt, kann nicht mehr zurücktreten, ſondern muß für ſein
ganzes Leben lang die Pflichten eines Vaters erfüllen. Es ſteht dem
Menſchen darum nicht frei, die Ehe einzugehen, ohne die mit der Ehe
verbundenen natürlichen Rechte, Beſchwerden, Laſten [1], alſo vor Allem
die Unauflöslichkeit zu übernehmen. Hiemit erklärt ſich ja auch Jeder
bei der Trauung in ſofern einverſtanden, als er, durch natürliche Nei=
gung und durch die Vernunft angetrieben, für immer Liebe und Treue
gelobt. Die Vernunft und die ſittliche Natur wird aber ſtets daſſelbe
ſagen, wie am erſten Tage der Ehe. Aendert die Leidenſchaft ihre
Sprache, ſo iſt eben des Menſchen heiligſte Pflicht, dieſelbe zu unter=
drücken und wie in allen Dingen, ſo auch hier, dem Gewiſſen, der Sitt=
lichkeit, dem Gemeinwohl die ſchwerſten Opfer, ſelbſt mit widerſtrebendem
Herzen, zu bringen.

13. Das Geſagte läßt ſich noch durch folgenden Grund bekräfti=

---

[1] Schurer im Archiv für Kirchenrecht VII. 5. Mit Recht hat in neuerer Zeit
beſonders v. Moy darauf hingewieſen, daß die Ehe kein bloßes von der Willkür
der Contrahenten abhängiges Vertragsverhältniß iſt.

gen. Wäre die Ehe nicht unauflöslich, so gäbe es keinen wesentlichen Unterschied zwischen Ehe und Concubinat, der doch überall angenommen wird. Denn factisch bleibt auch die Concubine häufig bis zum Tode ihres Mitschuldigen im Besitz von dessen ungetheilter Liebe, was ebenso oft zwischen Ehegatten nicht der Fall ist. Der Unterschied kann darum nur darin liegen, daß von Rechtswegen die eheliche Lebensgemeinschaft ungetheilt und unauflöslich ist. Nehmen wir einmal an, daß Mann und Weib durch einen Vertrag sich eine Lebensgemeinschaft auf 10 Jahre oder gar auf gegenseitige Kündigung ausbedingen, wäre das eine Ehe? Nun, wenn die Unauflöslichkeit der Ehe nur eine außerwesentliche Vollkommenheit derselben ausmachte, nicht aber zu ihrer Natur ge= hörte, könnte die Auflösung der Lebensgemeinschaft nach einem gewissen Termin bei Eingehung der Ehe ausbedungen werden. Wohin würde aber das führen?

Durch die Auflösbarkeit wird also die Ehe auf Eine Linie mit dem Concubinat und den Verbindungen unter Thieren gestellt und nur die natürliche Unauflösbarkeit begründet die Erhabenheit und Würde dieses Bundes.

14. Wir müssen freilich gestehen, daß der Mensch in sich selbst nicht die Kraft findet, die Unauflöslichkeit der Ehe vor jedem Andrange zu wahren. Doch, hebt dieses die Pflicht auf? Nein, was der Mensch aus eigener Kraft nicht vermag, kann er mit der Gnadenhülfe Gottes. Wir sehen da eine der wichtigsten Lehren des Christenthums bestätigt, daß der Mensch ohne die christliche Religion nicht einmal alle Pflichten des Naturgesetzes erfüllen kann, und darum durchaus an den Offenba= rungsglauben gewiesen ist. Hiermit sind wir auf den zweiten Gegen= stand hinübergeleitet, dessen Betrachtung uns obliegt, nämlich auf die Auffassung der Ehe vom christlichen Standpunkte aus. Zuvor nur noch einige Worte über die vom Naturrecht geforderten Bedingungen zur Eingehung der Ehe; sie werden uns zum Verständniß der von Pius IX. aufgestellten Grundsätze dienen.

15. Da die Ehe die volle Hingabe des Menschen erheischt und die schwersten persönlichen Pflichten aufbürdet, so wird zu ihrer Schließung die Einwilligung der beiden Contrahenten gefordert. Wo diese wegen Zwang, Irrthum, Betrug, Wahnsinn fehlt oder nur zum Scheine ge= geben wird, da kann von einer Ehe keine Rede sein.

Was von andern Verträgen gilt, muß auch von der Schließung der Ehe gesagt werden; sie ist ungültig, wenn ihr Vollzug unter den

Contrahenten physisch unmöglich ist, oder gegen das Naturgesetz ver=
stößt. Deßhalb kann kein Gatte, selbst nach versuchter Scheidung, bei
Lebzeiten des andern eine neue Ehe eingehen. Die erste Ehe ist ja,
wie wir gesehen, nach dem Naturrecht unauflöslich; die neue Verbindung
zu Lebzeiten des Gatten wäre mithin keine Ehe, sondern ein von der
Natur geächteter Ehebruch.

16. Es folgt ferner [1], daß die Verbindung unter den nächsten Ver=
wandten, zwischen Eltern und Kindern, sowie zwischen Geschwistern,
gleicherweise keine Ehe, sondern vielmehr entsetzliche Blutschande ist. Nach
der natürlichen Ordnung soll nämlich unter diesen eine Ehrfurcht statt=
haben, welche der Vollzug der Ehe auf das Schnödeste herabwürdigte.
Der Schöpfer hat darum eine natürliche Scheu vor solchen Verbindun=
gen in's Herz der Menschen gepflanzt, so daß die Verletzung dem Ge=
wissen als ein widernatürliches Verbrechen erscheint. Ohne Zweifel ver=
folgte der Schöpfer hierbei noch andere Zwecke. Denn da nahe Ver=
wandte im innigsten Verkehr mit einander stehen, so würde ohne diese
natürliche Scheu, ohne dieses dem Gewissen so heilig und unverletzlich
scheinende Verbot die verwandtschaftliche Liebe zu den größten Ausschwei=
fungen Anlaß geben. Der Urheber der Natur suchte ferner durch Liebe
und Freundschaft die Menschen in immer weiteren Kreisen zu vereinigen.
Dazu dienen die Ehen, weil sie die Familien, denen die Gatten ange=
hören, durch ein enges Verwandtschaftsband mit einander verknüpfen.
Diese von der Natur bezweckte Einigung der sich fern stehenden Fami=
lien unterbleibt selbstverständlich bei den Ehen unter Verwandten. Eine
vorzügliche, von Gott der Ehe gegebene Bestimmung wird auf diese
Weise bei denselben gänzlich vereitelt; sie sind nicht mehr das Liebesband
der Gesellschaft, sondern dienen engherziger Verwandtenliebe, die im
Grunde nur Egoismus und die Feindin der Nächstenliebe ist. Alle die
genannten Gründe gelten in geringerem Maße auch von den Ehen in
weiteren Graden der Verwandtschaft, so daß diese, wenn gleich nicht durch
das Naturrecht verboten, doch entschieden mißbilligt sind.

17. Der Schöpfer zeigt aber auch durch natürliche Strafen, wie sehr
ihm Verbindungen unter nahen Verwandten mißfallen. Denn dieselben
haben die unseligsten natürlichen Wirkungen, welche in neuerer Zeit durch

---

[1] S. Aug. de civitate Dei. XV. 16. S. Thom. Summae suppl. q. 54. a. 3.
Walter, Naturrecht. S. 128. Schulte, Eherecht. S. 155. Moufang, Verbot der
Ehen unter Verwandten.

einen französischen Gelehrten, Boudin, auseinandergesetzt und bewiesen sind. Er zeigt z. B., daß es unter den Negern, welche dergleichen Verbindungen häufig eingehen, 91 mal mehr Taubstumme gibt, als bei den weißen Racen [1]. Bei den Verhandlungen, die in Folge seiner Untersuchungen mehrmals in den Sitzungen der Pariser Akademie ge= schahen, wurden auch von anderer Seite ähnliche Thatsachen festgestellt. So theilte ein Arzt Cadiot die Beobachtungen über 54 Ehen unter Ver= wandten des dritten und vierten Grades mit; 14 derselben waren un= fruchtbar geblieben, 7 hatten todtgeborene, 18 scrophulöse, mit der Krätze behaftete, taubstumme Kinder hervorgebracht. Die verderblichen Folgen der Ehen unter Verwandten sind übrigens so bekannt, daß das Volk sie sprüchwörtlich in den Reim zusammengefaßt hat: sterben, verderben, keine Erben. Auch macht schon Gregor I. darauf als auf einen Grund des Eheverbotes aufmerksam [2].

Aus dem bisher Entwickelten ergibt sich, welche Schranken das Naturgesetz dem ungestümsten und gefährlichsten aller Triebe durch die unauflösliche Ehe gesetzt hat. Möchte doch der Mensch diese Schranken beobachtet haben! Welch' unsägliches Unheil hätte er sich erspart!

II. Christliche Auffassung der Ehe.

18. Das Christenthum begnügt sich nicht damit, den Menschen zu der durch die Sünde geschädigten natürlichen Vollkommenheit zu erhe= ben; es will ihm noch höhere Güter vermitteln, von denen wir ohne die christliche Offenbarung keine Ahnung haben. So gibt uns der Glaube nicht nur eine leichte, sichere Kenntniß der mit der bloßen Ver= nunft erkennbaren sittlichen Wahrheiten, sondern führt unsern Geist auch in jene göttlichen Geheimnisse ein, in welche kein geschaffener Verstand durch sich selbst zu dringen vermag. Den Willen stärkt die christliche Religion zur Erfüllung des ganzen Naturgesetzes und entflammt in ihm durch die Gnade die übernatürliche Liebe, das den bloß menschlichen Kräften unerreichbare Abbild jener unendlichen, göttlichen Liebe, welche uns Menschen ihre eigene Seligkeit auf ewig mitzutheilen verlangt. Hieraus können wir leicht abnehmen, auf welche Weise Christus sich zur Ehe verhalten werde, welche vor allem Andern seiner rettenden Hülfe bedurfte.

---

[1] Les mondes, revue des sciences 1863, p. 111. 191. 592. 360.
[2] L. XII. ep. 31. ad August. n. 6.

19. Die eheliche Liebe besteht aus einer wunderbaren Mischung sinnlicher und geistiger Neigung. Nach dem Sündenfall überwog das sinnliche Element, ja verschlang fast vollständig das geistige, durchbrach alle von der Natur gesetzten Schranken und riß den Menschen zu Gräueln hin, deren Aufzählung dem sittlichen Gefühl widerstrebt [1]. Die Unauflösbarkeit der Ehe war fast ganz dahin; begreiflich, nichts ist ja flatterhafter als die sinnliche Liebe. Bei Griechen und Römern nahmen die Ehescheidungen überhand, und selbst bei den Juden gestattete die mächtige Schule Hillels die Auflösung des Bandes aus den nichtigsten Gründen [2]. „Wo aber die Sünde überfluthete, wurde die Gnade noch überschwänglicher." Christus erschien und rettete durch Heiligung der Ehe die menschliche Gesellschaft. Auf welche Weise? Er machte die Ehe zur Gnadenquelle, er erhob sie zum Sacrament. Dadurch gab er der Ehe die natürliche Vollkommenheit zurück und verklärte sie zugleich durch eine göttliche Weihe; denn die durch das Sacrament gespendete Gnade dämpft die sonst übermächtige Begierlichkeit, stärkt den Geist zur beharrlichen Erfüllung seiner Pflichten und gießt endlich in das Herz jene übernatürliche, übermenschliche Liebe, welche die Eheleute mit Gott, dann aber auch unter einander verbindet und sie mächtig antreibt, aus ihren Kindern Himmelsbürger zu bilden. Nur auf diese Weise wird die christliche Ehe das Abbild der Verbindung Christi mit der Kirche, und somit deutet Paulus die Ehe als ein gnadenvolles Sacrament an, wenn er die Schließung derselben, bei welcher der Mensch Vater und Mutter verläßt, um die innigste Lebensgemeinschaft mit dem Weibe ein= zugehen, als ein großes Geheimniß in Bezug auf Christus und die Kirche feiert [3], als das Abbild der Verbindung zwischen dem Heiland und seiner Braut darstellt. Das volle Verständniß dieser Worte erhal= ten wir, wie gesagt, nur durch die Annahme, daß die Ehe zum Sa= crament erhoben ist [4].

20. Wollte nämlich Christus durch die Liebe der Gatten der Welt

---

[1] Gaume, Geschichte der christlichen Familie. I. Bd. Döllinger, Heidenthum und Judenthum. S. 377 u. a. a. O.

[2] Döllinger, Christenthum und Kirche. S. 388.

[3] Ephes. 5, 31. 32.

[4] Wilmers Lehrbuch. III. 624. Bellarmin, de sacr. matr. Tournely, de sacr. matr. II. 2. Peronne, de matrimonio. L 36. Bisping, Erklärung des Briefes an die Epheser, 5, 32.

seine göttliche Liebe zur Kirche abbilden, so hat er, so viel an ihm lag, dafür gesorgt, daß dieß in vollkommener Weise geschehe. Ein niedriges Bild seiner göttlichen Liebesgemeinschaft wäre seiner nicht würdig; die bloße Geschlechtsliebe, welche nach dem Sündenfalle in dem ehelichen Verhältnisse vorwaltete, wäre eine zu gemeine Darstellung gewesen. Darum geziemte es sich durchaus, diese natürliche Neigung durch die übernatürliche Liebe zu vervollkommnen, welche ja gerade das Abbild der unermeßlichen göttlichen Liebe ist. Daß Christus wirklich die Vollkommenheit der Ehe durch die übernatürliche Liebe herstellen wollte, sagt übrigens ausdrücklich der Apostel [1]: „Männer, liebet euere Frauen, wie Christus seine Kirche geliebt hat." Diese Liebe ist nun aber ohne die Gnade ganz undenkbar. Christus mußte darum mit der ehelichen Verbindung die Gnade verknüpfen, welche allein das eheliche Band durch die höhere Liebe verklären und zu einem würdigen Abbild seiner Liebesgemeinschaft mit der Kirche erheben konnte.

21. Hier schließt sich eine andere Erwägung an, die in neuerer Zeit von Döllinger [2] in treffender Weise entwickelt ist und uns noch tiefer in die hohe Bedeutung der christlichen Ehe einführt. Um ein vollkommenes Abbild der Vereinigung Christi mit der Kirche zu werden, mußte die Ehe dieser durch die Fruchtbarkeit gleichen, indem ja Christus die Kirche durch die Taufe zur Mutter unzähliger Söhne macht. Auch das war ganz dem Plane jenes Retters angemessen, der Alles erneuern und zur ursprünglichen Vollkommenheit zurückführen wollte. Was war nämlich die Absicht Gottes bei der ersten Ehe? Der Stammvater sollte seinen Nachkommen nicht nur die in der menschlichen Natur beschlossenen Güter, sondern auch die höhern Gnadenvorzüge mittheilen. Dieser göttliche Rathschluß wurde durch den Sündenfall vereitelt; Adam vererbte statt der Gnade die Sünde auf das unglückselige Geschlecht. Christus hob nun freilich diese Wirkung nicht auf, gab aber seine Heilmittel dagegen, Priesterthum und Ehestand wählte er zu Vermittlern seiner von ihm uns erworbenen Güter. Denn nach seinem Willen sollten auch die Eltern durch eine gute Erziehung der häuslichen Kirche, der Familie, die Segnungen des Christenthums übermachen. So war die Ehe wiederum in ihre ursprüngliche Würde eingesetzt. Wie die Stammeltern, sollten die christlichen Gatten ihren Kindern nicht nur das natürliche

---

[1] Ephes. 5, 25.
[2] Christenthum und Kirche. S. 385.

Leben, sondern auch das höhere Leben der Tugend und Gnade geben, erhalten, fördern. Doch diese erhabene Bestimmung machte die Spen= dung von Gnaden beim Antritt der Ehe vonnöthen. Denn nur die Gnade gießt die übernatürliche Liebe in die menschlichen Herzen, und die Liebe? sie ist es gerade, die uns bestimmt, dem Nächsten die unermeß= liche Seligkeit und die dorthin führenden Mittel zu wollen und, wenn es Noth thäte, selbst um den Preis unseres Lebens zu verschaffen. Sie befähigt also die Eltern für den erhabenen Stand, in den Gott sie berufen, und demgemäß wird Niemand, der die Bedeutung der christ= lichen Erziehung würdigt, sich darüber wundern, daß Christus, wie den Eintritt in den Priesterstand, so nicht minder die Eingehung der Ehe mit einer Gnadenspende verbunden hat.

22. Damit die christliche Ehe Zug für Zug die hehre Liebesge= meinschaft Christi mit seiner Kirche abbilde, wurde noch ein Drittes ge= fordert. Es mußte ihre von der Natur gewollte, aber durch die Lei= denschaft verlorene Unauflösbarkeit wieder gebracht und gestärkt werden. Eine auflösbare Ehe hätte schlecht die unvergängliche Dauer der gött= lichen Liebe zu der Kirche dargestellt [1]. Nun, auch diese Unauflösbarkeit in Verbindung mit den Beschwerden des Ehestandes gibt uns einen weitern Grund für die Annahme, daß Christus den Eheleuten besondere sacramentale Gnaden gegeben. Es sei uns gestattet, den Beweis hiefür einem der vortrefflichsten neuern Werke [2] zu entnehmen: Die Flitter= wochen gehen schnell vorüber, und dann kommen andere Wochen und andere Zeiten; es kommen die Zeiten der Trübsal und der Leiden, viel= leicht auch der Noth, es kommen die Sorgen um Haus, Hof und Kind — und wie vieles Andere, was das Herz beengt und vielleicht nicht einmal Jemanden vertraut werden darf. Was aber noch mehr ist, als dieses Alles: vielleicht stimmt Herz nicht zu Herz. Nicht zusammen pas= sen und doch zusammengekettet sein, geistig von einander weit entfernt sein und doch einander immer nahe sein müssen, immer dieselben unan= genehmen Eigenheiten und üblen Eigenschaften ertragen müssen, immer dieselben grillenhaften Launen und Empfindlichkeiten, dieselben Thorheiten und leidenschaftlichen Verkehrtheiten: wie man hier sein widerstrebendes Herz bezwingen und Alles das ohne Erbitterung, mit Geduld, Ergebung und Gleichmuth, so daß es einem nicht zum geistlichen Schaden, sondern

---

[1] Arcudii de matr. im Thesaurus von Zaccaria. X. 802.
[2] Martin, Ein bischöfliches Wort. II. 149.

zum Gewinne gereicht, — ohne eine besondere Gnade überstehen soll, das können wir nun einmal nicht begreifen.

23. Doch die Gnade gewährt nicht nur durch ihre Wirkungen, sondern auch durch ihre bloße Gegenwart einen weitern Zug der Aehnlichkeit in dem Bilde, durch welches der Heiland seine Vereinigung mit der Kirche darstellen wollte. Diese Verbindung Christi ist nämlich die Quelle der Gnaden für uns Menschen. Sollte also der Ehebund ihr hierin ähnlich sein, so mußte auch er ein Gnadenquell, ein Sacrament sein.

Nach dem Gesagten stimmt die Erhebung der Ehe zu einem Sacramente mit dem ganzen Plane der christlichen Erlösung und den liebevollen Absichten Gottes zum Heile der Menschen vollkommen überein [1]. Nur sie gibt uns erst das volle Verständniß der Worte der hl. Schrift, daß die Ehe ein großes Geheimniß ist, aber in Bezug auf Christus und die Kirche.

24. Das war denn auch von jeher die Auffassung der christlichen Religion. Von dieser durch die Gnade verklärten Ehe ruft Tertullianus aus [2]: Wo finde ich Worte, um das Glück der christlichen Ehe auszudrücken! Die Kirche bildet ihr Band; das Opfer befestigt es, der Segen besiegelt sie; die Engel verkünden, der himmlische Vater bestätigt sie. Welch' einen Bund schließen die in derselben Hoffnung, in demselben Gelübde, in derselben Richtschnur des Verhaltens und der Abhängigkeit vereinten Gatten! Sie sind wahrhaftig nur Ein Fleisch, nur Eine Seele. So feiert Tertullian mit begeisterten Worten die Heiligkeit der christlichen Ehe. Den Grund dieses Vorzuges deuten andere Väter an. Denn wenn Cyrillus und die Väter des Concils von Ephesus, wenn Epiphanius [3], Maximus [4] in Uebereinstimmung mit mehreren alten Liturgien [5] behaupten, daß Christus die Ehe gesegnet hat, welchen Segen verstehen sie darunter? Etwa bloß irdisches Glück oder Fruchtbarkeit? Nein, sondern vorzüglich die Gnade, wodurch die Ehe geheiligt (Ambrosius [6], Cyrillus [7], Maximus), zu einem Heilswege erhoben (Epiphanius) und die zu erwartenden Kinder nicht nur für die Erde

---

[1] S. Weiteres bei Oswald, Lehre von den hl. Sacramenten. II. 363.
[2] Tertull. ad uxorem l. 2. c. 9.
[3] Haeresi 67.   [4] Hom. 1. de Epiphania.
[5] Goar, Eucholog. p. 388.
[6] Epist. ad Siric. Coustant, ep. Rom. Pont. 670.
[7] Comment. in Joan. l. II. c. 2.

geboren, ſondern auch für den Himmel wiedergeboren würden (Cyrill.). Und wenn Innocenz I.[1] ſchreibt, die Ehe der Chriſten werde durch die Gnade begründet, was ſagt er anders als der hl. Auguſtin[2], der wiederholt betont, die Ehe unter Chriſten zeichne ſich durch die Heiligkeit des Sacramentes aus, und ſie deßhalb in Eine Linie mit dem Sacramente der Taufe und der Prieſterweihe ſtellt? Sacrament iſt ja nichts anderes als ein gnadewirkendes äußeres Zeichen.

25. Dieſer die chriſtliche Ehe auszeichnende Vorzug erhellt ferner aus den chriſtlichen Liturgien. Alle heidniſchen Völker haben freilich die Ehe mehr oder minder mit religiöſen Ceremonien begleitet; wovon war aber hierbei die Rede? Die zum Theil ſehr ſchönen Gebräuche, wie ſie z. B. bei den Römern und Griechen üblich waren, wieſen auf Kinderſegen, irdiſches Glück, Eintracht, das Vertauſchen der jugendlichen Gefahren und Ausſchweifungen mit ehelicher Tugend hin. Nicht viel verſchieden davon lautet die bei den Juden gebräuchliche Segensformel[3]. Werfen wir aber einen Blick auf die chriſtlichen Ceremonien, von denen ſeit den älteſten Zeiten und bei den verſchiedenſten Völkern die Eingehung der Ehe begleitet war, ſo begegnet uns dort etwas Neues, früher bei der Trauung gänzlich Unbekanntes, nämlich die Gnade, wodurch die chriſtliche Ehe zum Sacramente wird. Nach dem römiſchen Sacramentarium oder Miſſale, das den Namen des Papſtes Gelaſius trägt, weil auf deſſen Befehl die meiſt ſeit alter Zeit in der römiſchen Kirche gebräuchlichen Gebete darin verzeichnet wurden, ſoll das Meßopfer für die Brautleute dargebracht werden[4], „damit Gott, welcher den Ehebund verknüpft hat, auf daß die keuſche Fruchtbarkeit der hl. Ehe zur Vermehrung ſeiner Adoptivkinder diene, durch ſeine Gnade vollende, was er durch ſeine Fürſehung in's Werk geſetzt hat." Ebenſo bittet bei den Griechen[5] der Prieſter, bevor er in feierlicher Weiſe der Braut und dem Bräutigam zur Schließung der Ehe die Kränze auf das Haupt ſetzt, Gott möge ſeine überhimmliſche Gnade dieſen Dienern ſpenden, damit ſie nach dem göttlichen Wohlgefallen lebten. Bei den Kopten[6] ſagt der Prieſter bei eben dieſen Ceremonien: Setze, Herr, auf deine Diener

[1] Ep. 36. ad Probum. Coustant, ep. Pont. 910.
[2] De bono conjug. c. 24. n. 32. De nupt. I. c. 10. n. 11.
[3] Binterim, Denkwürdigkeiten. VI. 2. S. 23.
[4] Martene, de ant. ritibus Ordo I. ad bened. nupt.
[5] Goar, Eucholog. p. 389.
[6] Denzinger, Ritus orient. II. 378.

die Krone deiner unbesiegbaren Gnade, die Krone der himmlischen und großen Glorie, die Krone der heiligen und wankellosen Treue. Aehnlich lautet das Rituale der syrischen Jacobiten: Nachdem der Priester wiederholt zu Gott gebetet, er möge doch die Brautleute durch seine Gnade segnen, nachdem er gesagt, er sehe in den Kränzen der Brautleute die Kraft des heiligen Geistes, legt er ihnen diese Kränze mit den Worten auf das Haupt: Gott möge dich krönen mit dem Kranze der Gerechtigkeit, dich bewaffnen mit unüberwindlicher Rüstung gegen alle Macht des Feindes [1]. Auch die Nestorianer, welche in ihrem Rituale die Ehe Mysterium (Sacrament) nennen und sie zu den Sacramenten der Kirche rechnen [2], bitten bei dieser Ceremonie mehrmals, Gott möge den Brautleuten seine große Gnade vermehren, ihre Herzen mit einer gnadenvollen Krone umkränzen, ihre Ehe durch seine Gnaden segnen [3]. Doch genug hiervon; das Gesagte zeigt hinlänglich, daß in den morgenländischen Ritualen, welche wegen des zähen Festhaltens der Orientalen am Ueberlieferten ein hohes Alter bekunden, und in dem ältesten römischen Sacramentarium ein neues Element vorkommt, das in den außerchristlichen Gebräuchen vergebens gesucht wird: die Gnade, welche eben die christliche Ehe zum Sacramente macht. Wir sehen, daß die Kirche von jeher und bei allen Völkern die feierliche Eingehung der Ehe, wie die feierliche Ausspendung der übrigen Sacramente mit mancherlei Gebeten umgeben hat, um die Gnade des Sacramentes zu erflehen und noch deutlicher den Gläubigen vorzustellen. Es erhellt mithin auch aus diesen Ceremonien, was wir oben durch ausdrückliche Zeugnisse über die altchristliche Auffassung der Ehe zu zeigen suchten.

26. Diese Lehre der morgenländischen Kirchen in Betreff dieses Punktes, wofür wir leicht auch ausdrückliche Zeugnisse anführen könnten — wir erinnern nur an die deutlichsten Bekenntnisse der Siebenzahl der Sacramente, welche die schismatische Kirche des Orientes gegen den protestantisirenden Patriarchen Cyrillus Lucaris aufgestellt; an den auf die Katholiken erbosten armenischen Bischof Vartanus, der zweihundert Jahre vor der Unionssynode von Florenz die Ehe als fünftes Sacrament aufzählt [4]; — diese Lehre der Orientalen zeigt uns recht die große Unwissenheit vieler unserer Gebildeten. Sie behaupten nämlich, die Lehre von dem sacramentalen Charakter der Ehe und überhaupt das

---

[1] Denzinger l. c. p. 396.   [2] Denzinger l. c. p. 427. 435. 441.
[3] Denzinger l. c. p. 440.
[4] Peronne, de matr. I. 8. sq. enthält weitere Belege.

Dogma von der Siebenzahl der Sacramente sei eine Ausgeburt des finstern Mittelalters, eine Spitzfindigkeit der Scholastiker, eine Erfindung des Petrus Lombardus. Natürlich, so steht es ja geschrieben in der großen Encyclopädie von Ersch und Gruber, der wohlfeilen Quelle der Wissenschaft für so manche Gelehrte. Also nur frischweg es gesagt; denn man sieht in seinem unwissenden Dünkel nicht, welche Blöße man sich hiermit gibt. Die morgenländischen Kirchen nämlich, welche die Ehe für ein Sacrament halten, trennten sich lange Zeit vor Petrus Lombardus, ja die Nestorianer, Kopten und Jacobiten schon im fünften Jahrhundert von der römisch=katholischen Gemeinschaft und nicht nur das starre, verknöcherte Wesen der Orientalen, sondern noch mehr ihr großer Haß gegen die römische Kirche ist uns Bürge, daß sie in einer der wichtigsten Lehren ihre Religion nicht nach einer Erfindung der römischen Päpste verändert haben. Diese aus vielen Millionen bestehenden Kirchen sind also ein lebendiges Denkmal für das hohe Alter und die Unverfälschtheit des katholischen Dogmas über die Ehe, wie über viele andere Controverspunkte. Dennoch aber wagen Viele, welche immer auf Wissenschaft pochen, von einer Erfindung dieser Lehre zu träumen und dieselbe in eine Zeit zu versetzen, wo das Dogma viele Jahrhunderte hindurch aller Orten geglaubt, geübt und gelehrt wurde. Man könnte das noch allenfalls entschuldigen, wenn es sich um eine kleinliche Sache handelte; aber die Ehe greift wie nichts Anderes in's Leben ein; die Heiligung und die hohe Weihe, welche ihr Christus durch die Erhebung zum Sacramente gab, hat die wohlthätigsten Folgen für den Einzelnen, die Familie und die gesammte Gesellschaft gehabt.

27. Mit dieser Erhebung der Ehe stimmt ganz und gar die hohe Schätzung der Jungfräulichkeit in der katholischen Kirche überein. Bei dem liegt derselbe Geist zu Grunde: die Beherrschung des Naturtriebes, mag er nun in der Ehe durch eine unauflösliche Fessel eingeschränkt oder aber durch das Gelübde der Keuschheit Gott ganz zum Opfer dargebracht werden. So ist es ja auch dieselbe Strafgerechtigkeit, welche einen gefährlichen Verbrecher lebenslänglich einsperrt und die einen solchen hinrichtet. Nehmen wir lieber ein anderes Bild. Treibt nicht die Eine christliche Liebe diesen Gläubigen an, Geld und Gut auf eine Gott gefällige Weise anzuwenden, jenen aber, Alles für die Armen hinzugeben? Ist es nicht eine und dieselbe Liebe, welche den Menschen bestimmt, das Leben auf dem schmalen Pfade des göttlichen Gesetzes zu heiligen, und zugleich den Martyrer entflammt, dasselbe freudig aufzu=

opfern? Das Eine ist gut, wer will es läugnen? Aber das Andere ist unvergleichlich erhabener. „Eine größere Liebe hat Niemand, als der sein Leben hingibt für seine Freunde." Und wenn wir die menschlichen Verhältnisse verlassen und zu Gott aufsteigen, erblicken wir nicht etwas Aehnliches bei der ewigen Güte? Sie zeigt ihre göttliche Majestät in der Herrlichkeit des Firmamentes, der Pracht und Schönheit der Natur, der fast unermeßlichen Mannigfaltigkeit der Geschöpfe; aber sie ist es auch, die ihren Glanz entäußert hat, ihre Majestät im Kindlein der Krippe von Bethlehem, in dem wie ein Wurm zertretenen Manne der Schmerzen, endlich unter der unscheinbaren Brodsgestalt des Sacramentes verschleiert. Freilich, wem Glaube und Liebe und damit das Verständniß des Opfers gänzlich abhanden gekommen, wem das Kreuz eine Thorheit geworden ist, der faßt solches nicht mehr. Anders der Christ; er bewundert die Herrlichkeit Gottes in der Natur; aber unsäglich mehr fühlt sein Herz sich zu jenen Geheimnissen hingezogen, wodurch, wie Paulus sagt, Gott sich selbst entäußert hat. In ihrer Betrachtung saugt er den Geist des Kreuzes, der Opferwilligkeit, der Selbstbeherrschung ein, welchen das Christenthum immer und überall predigt. Davon durchdrungen, sieht er ein, wie die Heiligung der Ehe und die Wahl des jungfräulichen Standes nur dem Grade nach verschiedene Aeußerungen der christlichen Selbstbeherrschung sind, die eine gut, die andere viel vollkommener. Er hält es nicht für einen Zufall, daß Christus [1] zu gleicher Zeit, da er auf den göttlichen Ursprung der Ehe hinweist, voll Bewunderung über die jungfräuliche Keuschheit ausruft: Wer es fassen kann, der fasse es; daß ebenso der hl. Apostel Paulus an einer und derselben Stelle die Güte der Ehe und die höhere Vollkommenheit der Jungfräulichkeit ausspricht [2]. Beides hängt innig zusammen. Die Hochachtung der Ehe und die Bewunderung der um Gottes willen erwählten Ehelosigkeit entspringen demselben hl. Geiste, der die Kirche durchweht. Dieß sehen selbst die Feinde ein. Oder geifern heutzutage nicht eben jene, welche die Ehe ihrer sacramentalen Würde entkleiden und zu einem bloß bürgerlichen Vertrag herabwürdigen wollen, mit einer wahren Wuth gegen das Ordensgelübde der Keuschheit?

Die Erhebung der Ehe zum Sakramente ist das Fundament der gesammten katholischen Anschauung von der Ehe. Die kirchlichen Lehren sind nur Folgerungen aus diesem Princip. Sehen wir uns einige derselben näher an.

[1] Matth. 19. [2] 1 Cor. 7.

28. Die unmittelbarste und eigentlichste Folge dieses sacramentalen Charakters ist die Gnade, welche mit der Eingehung der Ehe verknüpft ist; sie stärkt die Gatten zur Erfüllung aller ihrer Pflichten, während die erhabene christliche Auffassung der Ehe denselben hierfür zugleich die kräftigsten und edelsten Beweggründe an die Hand gibt. Die Gnade ist freilich in sich unsichtbar, aber erkenntlich in ihren Wirkungen: der Heilighaltung der Ehe und der religiösen Erziehung der Kinder. Ohne sie wäre es auch rein unmöglich gewesen, die den verkehrten Neigungen so verhaßte Unauflösbarkeit der Ehe so viele Jahrhunderte hindurch und bei so vielen Völkern unversehrt zu bewahren.

29. Eine zweite Folge ist die Umgestaltung der im Heidenthum gänzlich verkehrten Familienverhältnisse nach dem erhabenen Vorbild der Verbindung Christi mit seiner Kirche, deren irdisches Gleichniß die Ehe geworden war. Göttliche Liebe sollte von nun an zwischen den Gatten, wie zwischen Eltern und Kindern herrschen, und alle ihre gegenseitigen Beziehungen ordnen. Es war nun zu Ende die Sklaverei, die entsetzliche Erniedrigung der Frauen, zu Ende der grausame Despotismus gegen die Kinder, dem so zahllose Opfer durch Aussetzung, Verkauf, Schlachtung, Verstümmelung gefallen waren. Der Mann betrachtete die Frau als ebenbürtige Lebensgefährtin und seine Kinder als den kostbarsten mit dem Blute Christi erkauften Schatz, als Kinder Gottes, auf deren Haupt die Krone der göttlichen Glorie in alle Ewigkeit schimmern sollte, als das geheimnißvolle Heiligthum des unendlichen Geistes, das man mit heiligem Schauer ehren müsse.

30. Eine dritte Folge des christlichen Dogmas ist schon von uns angedeutet, nämlich das Gesetz der Unauflösbarkeit und dessen Ausführung. Das Gesetz nämlich folgt aus dem Satze, daß die Ehe ein sacramentales Abbild der unauflöslichen Vereinigung Christi mit der Kirche ist. Die Ausführung aber wurde durch die vom Sacramente erwirkte Gnade ermöglicht. Ueber Beides ist schon die Rede gewesen; es ist jedoch wegen der Wichtigkeit des Gegenstandes nothwendig, einige Stellen aus der hl. Schrift anzuführen, welche diese Folge auf die klarste, ausdrücklichste Weise aussprechen. Die erste Stelle finden wir bei Matthäus 19, 6. Der Heiland antwortet den Pharisäern, die ihn fragten, ob Ehescheidung um jeder Ursache willen erlaubt wäre: „Was Gott verbunden hat, soll der Mensch nicht trennen." Nach Marcus (10, 11) setzte er zu diesen Worten, als ihn die Jünger zu Hause abermals fragten, Folgendes hinzu: „Wer immer sein Weib entläßt und eine Andere nimmt, der be-

geht an ihr einen Ehebruch. Und wenn ein Weib ihren Mann entläßt und einen Andern heirathet, so bricht sie die Ehe." Ebenso heißt es bei Lucas (16, 17): „Es ist leichter, daß Himmel und Erde vergehen, als daß ein einziges Pünktchen vom Gesetze wegfalle. Ein Jeder, der sein Weib von sich entläßt und eine Andere heirathet, der bricht die Ehe, und wer eine vom Manne Geschiedene heirathet, der bricht die Ehe." Daß der Heiland nun hiedurch die Unauflöslichkeit der christlichen Ehen ausgesprochen hat, sagt der Apostel Paulus auf die unzweifelhafteste Weise [1]: „Denen aber, welche durch die Ehe verbunden sind, gebiete nicht ich, sondern der Herr: daß das Weib sich nicht vom Manne scheide. Wenn sie aber geschieden ist, so bleibe sie ehelos oder versöhne sich mit ihrem Manne; auch der Mann entlasse sein Weib nicht." Endlich kommen noch die Worte desselben Apostels im Briefe an die Römer 7, 2 [2] in Betracht. Nachdem er dort behauptet, daß das mosaische Gesetz über den Menschen Gewalt habe, so lange er lebe, sucht er dieses durch das Beispiel der Ehe zu erläutern: „Denn ein Weib, das unter einem Manne steht, ist an das Gesetz gebunden, so lange der Mann lebt: wenn aber ihr Mann stirbt, so ist sie vom Gesetze des Mannes entbunden. Demnach heißt sie eine Ehebrecherin, wenn sie, so lange der Mann lebt, zu einem andern Manne sich gesellt: wenn aber ihr Mann stirbt, so ist sie frei vom Gesetze des Mannes, so daß sie nicht Ehebrecherin wird, wenn sie zu einem andern Manne sich gesellt." Hierzu bemerkt Augustinus: „Diese Worte, so oft wiederholt, so oft eingeschärft, sind wahr, sind lebendig, sind recht, sind deutlich. Kein Weib fängt an die Frau eines zweiten Mannes zu sein, wenn sie nicht aufgehört hat, die des ersten zu sein; sie hört aber nicht auf, Frau des ersten zu sein, wenn nicht der Mann gestorben ist."

Wir gestehen, daß zwei andere Aussprüche der hl. Schrift [3] nicht so klar sind; doch hier gilt die in der Natur der Sache begründete und von Allen anerkannte Regel: dunkle Stellen eines Buches müssen nach deutlichen erklärt werden. Zudem erhält eine jede Gesetzgebung ihre Auslegung durch die Praxis. Nun aber hat die Kirche mit Berufung auf die Worte Christi die Unauflösbarkeit der Ehe vollständig in der

---

[1] 1 Cor. 7, 10.

[2] Siehe hierüber den Commentar des Estius.

[3] Ihre Erklärung siehe bei Döllinger, Christenthum und Kirche. S. 388 ff. Himmelstein, Wochenschrift. 1854. Nr. 28. 30. 31. Peronne, de matr. III. 161 sq. Arcudius, de matr. im Thesaurus von Zaccaria. XII. 775 sq.

Praxis zur Geltung gebracht, obwohl diese Lehre den mächtigsten Lei=
denschaften, tief eingewurzelten Gebräuchen, den weltlichen Gesetzen
widersprach. Wäre dieß möglich gewesen, wenn die Unauflösbarkeit der
Ehe dem Geiste und den Worten Christi entgegen und erst später er=
funden wäre? Doch die Uebereinstimmung dieser Lehre mit der Schrift
wird gegenwärtig auch vielfach von Protestanten zugestanden [1]. Freilich
suchen einige derselben die protestantische Praxis damit zu bemänteln,
daß sie in den Worten Christi nur einen Rath oder ein Princip er=
blicken wollen; diese bleiben dann aber die Lösung der Frage schuldig,
wie man durch Uebertretung eines nicht verpflichtenden Rathes einen
Ehebruch, also ein entsetzliches Verbrechen begehe; denn Christus und
der Apostel nennen auf die bestimmteste Weise denjenigen einen Ehe=
brecher, welcher eine „Geschiedene heirathet".

31. Wir kommen jetzt zur vierten Folgerung, die aus der Erhebung
der Ehe zum Sacramente fließt. Diese Verbindung wurde nämlich hier=
durch unter die besondere Aufsicht und den Schutz der Kirche gestellt.
Als Sacrament ist sie ein Theil des Cultes, eine hochheilige Sache,
worüber die Kirche zu wachen hat. So wurde es denn auch seit den
ersten Zeiten des Christenthums gehalten. Der hl. Paulus ordnet über
die Ehe mancherlei an, das noch jetzt in der Kirche maßgebend ist. Der
Apostelschüler Ignatius schrieb wenige Jahre nach dem Tode des hl. Jo=
hannes [2]: „es geziemt sich, daß die Brautleute nach der Anordnung des
Bischofs heirathen, damit die Ehe im Herrn geschehe." Ebenso erklärt
Athenagoras dem Kaiser, daß unter den Christen jeder nach den Ge=
setzen der Kirche die Ehe eingehe [3]. In der That sehen wir schon die
ersten Concilien [4], deren Canones auf uns gekommen sind, Bestimmungen
über das Eherecht treffen. Doch hiermit sind wir zu einem neuen Ab=
schnitt gekommen, in dem wir den wohlthätigen Einfluß der Kirche und ins=
besondere des Papstthums auf die Heilighaltung der Ehe erörtern wollen.

III. **Wohlthätiger Einfluß der kirchlichen Gesetzgebung auf die Ehe.**

32. Was haben wir bisher gesehen? Der gewaltigste und zügello=
seste Trieb, welcher in seiner Ausartung, statt Leben zu geben, mörderisch

---

[1] Jörg I. 547.   [2] Ep. ad Polycarp. c. 5.   [3] Leg. pro Christ. 33.
[4] Die Synoden von Elvira, Ancyra, Neocäsarea, Arles; Hefele, Concilienge=
schichte. I. Bd.

wird und Geist, Körper, Ehre, Alles befleckt, besudelt, verderbt, mußte in heilsamen Schranken gehalten werden. Gott hat es gethan durch das Naturgesetz und durch die Offenbarung. Noch mehr, er hat als Hüterin dieser unwandelbaren Ordnung die Kirche gesetzt; bloß menschliche Kraft hätte hierzu nicht ausgereicht, aber seine Kirche hat er belebt mit seinem Geist, ausgestattet mit göttlicher Macht; nur eine solche übermenschliche Gewalt konnte die Ehe zu der von Christus gewollten Reinheit und Heiligkeit trotz der unsäglichen dawider sich aufthürmenden Schwierig= keiten zurückführen und darin unversehrt erhalten.

33. Ein anderer Vorzug, welcher die Kirche hierzu befähigte, war der Cölibat des Klerus. Doch, was sage ich? Nur ehelose Geistliche sollen eine gute Ehegesetzgebung erlassen und zur Geltung bringen kön= nen? Scheint dieses nicht paradox zu sein? So scheint es, aber das Auffallende wird verschwinden, wenn wir uns nur in's Gedächtniß rufen, was wir oben über die christliche Anschauung von der Heiligkeit des jung= fräulichen und ehelichen Standes erwähnt haben. Wir sagten, Beidem liege ein und dasselbe zu Grunde: die Beherrschung der Fleischeslust. Um diese mit Erfolg den Gläubigen zu predigen, mußten die Hirten der Kirche in sich selbst ein glänzendes Beispiel davon durch vollkommene Enthaltsamkeit geben, aus der hehren Jungfräulichkeit Muth, Kraft, Ansehen schöpfen; erst dann vermochten sie mit der gewaltigsten aller Leidenschaften zu ringen, die fort und fort die von Christus gesetzten Schranken zu durchbrechen suchte.

Die Geschichte beweist es. Wo immer in der Kirche die christliche Ehe schnöde entweiht und ihre Gesetze verletzt werden, sieht es gewöhn= lich schlecht mit dem Cölibat des Klerus aus. Die morgenländische Kirche wurde bekanntlich immer nachsichtiger in Betreff der priesterlichen Ehelosigkeit; nun, sie hielt auch an der von der Natur gewollten und von Christus so streng befohlenen Unauflösbarkeit des Ehebandes nicht fest. Die Reformatoren des 16. Jahrhunderts, welche die Unmöglichkeit der jungfräulichen Keuschheit predigten, waren über alle Maßen nach= sichtig gegen die Schwächen der Menschen, denen die christliche Ehegesetz= gebung unerträglich vorkam. Dieß erkennen denn heut zu Tag selbst Männer [1] von der strengeren lutherischen Richtung an. Sie haben bei Gelegenheit der Ehescheidungsfrage sehr heftige Aussprüche gethan von

---

[1] Halle'sches Volksblatt vom 8. April 1857; auch bei Jörg, Protestantismus. I. 550.

Luthers völligem Bruch, den er mit der Tradition in Betreff der Ehe in Folge „seiner persönlich schiefen Stellung als gelobter Cölibatarius" machte, von Aeußerungen Luthers, „die, aus seiner kritischsten Lebens= periode stammend, so grobe, ja schier unglaubliche Verirrungen enthielten, daß sie im Blatte gar nicht zu wiederholen seien." Ein anderes Bei= spiel. Erzbischof Cranmer von Canterbury lieh sich als willfähriges Werkzeug den ehebrecherischen Gelüsten Heinrichs VIII.; aber auch er hatte heimlich in Deutschland die Schwester Osianders geheirathet. Be= weisen diese Beispiele nicht, daß die Ehelosigkeit des Klerus nothwendig ist, um die Heiligkeit der Ehe im Kampfe mit den mächtigsten Leiden= schaften unversehrt zu erhalten?

34. Noch mehr wurde die Kirche zu diesem Kampfe durch ihre monarchische Verfassung befähigt. Christus hat die gesammte geistliche Gewalt im Haupte der Kirche, im Papste, vereinigt; dieß war nothwen= dig, um den Glauben in seiner Reinheit und Unversehrtheit zu bewahren. Eine nicht mindere Macht war erforderlich, um das Eheband gegen die gekrönte Willkür zu schützen. Die Kirche hat große, wunderbar große Bischöfe gehabt, aber unter den Hunderttausenden von Hirten, die sie schon gezählt, hat es doch auch Schwache gegeben, die gegenüber bös= willigem Ansinnen des Landesherrn zu nachsichtig waren und nicht wag= ten, gleich Johannes dem Fürsten zuzurufen: „Es ist dir nicht erlaubt". Dann war eine größere Kraft, eine gewaltigere Autorität nothwendig, die wie eine eherne Mauer dem Andrang der durch die ganze Macht eines Reiches verstärkten Leidenschaft entgegen treten konnte, und diese fand sich nur im Papstthum. Ja, nirgends zeigte sich die dem Nachfolger Petri übertragene göttliche Vollgewalt heilsamer, als gerade in dem ge= waltigen Kampfe, den die Kirche zur Heilighaltung der Ehe, zur Wah= rung der wichtigsten Interessen der menschlichen Gesellschaft führte. Einzelne Züge seines Verlaufes sollen nun hier erzählt werden [1].

35. Vor allem mußte die Kirche den gnostischen und manichäischen Secten gegenüber die Ehe selbst vertheidigen. Diese Menschen wollten philosophische und religiöse Systeme, wie sie damals besonders im Orient im Schwange waren, mit dem Christenthum zu einem Mischmasch ver=

---

[1] Ueber die Geschichte des christlichen Eherechts schrieben: Gibert, histoire ou tradition de l'Eglise sur le sacrément du mariage; v. Moy, Geschichte des christ= lichen Eherechts; in mehr populärer Weise Gaume, histoire de la famille. Vielen Stoff bietet auch das große Werk von Avogadro della Motta, Teorica dell' isti= tuzione del matr.; Schulte, Handbuch des kath. Eherechtes; Hefele, Conciliengesch.

binden. Darüber darf man sich eben so wenig wundern, als daß sie sich
den Namen Gnostiker (Aufgeklärte) gaben, oder wie die Manichäer viel
auf Licht, Weisheit, Geheimlehren pochten, darob die Katholiken ver-
achteten und so selbst ausgezeichnete Talente (man denke nur an den
hl. Augustinus) verlockten. Alles dieses geschieht ja noch heutzutage
und macht die letzte Encyclica so nothwendig. Auch waren einige
gnostische Secten schon zu den äußersten Consequenzen unseres heutigen
Fortschrittes vorgedrungen, da sie mit den am meisten vorgeschrittenen
Communisten die Ehe als unnöthig aufhoben und die Menschen nach
dem erhabenen Vorbilde der unreinsten Thiere reformiren wollten. Andere dieser Secten verwarfen die Ehe als etwas Sündhaftes. Beide
Meinungen, obwohl ganz und gar sich entgegengesetzt, führten übrigens
zu denselben entsetzlichen Ausschweifungen. Die Gegensätze berühren
sich. Diesen Secten gegenüber vertheidigte die Kirche auf das Kräftigste
die Nothwendigkeit und Heiligkeit der Ehe und wiederholte immer dieselbe Sprache, so oft diese gnostischen und manichäisirenden Secten bald
hier, bald dort auftauchten. Auf den ersten Blick ist dieß kein großes
Verdienst, da die Systeme dieser Menschen zu unsinnig scheinen, als
daß es eines kräftigen Armes zu ihrer Unterdrückung bedurft hätte.
So scheint es freilich. Aber man muß bedenken, daß diese Lehren einen
mächtigen Rückhalt an dem ungeheuren Sittenverderbniß fanden, aus
dem sie entsprangen und zu dessen Beschönigung sie dienten. Deßhalb
griffen sie, wie die Geschichte uns bezeugt, an einigen Orten in pest-
artiger Weise um sich und stellten die gesammte gesellschaftliche Ordnung
in Frage. Wer dies bedenkt, wird der Kirche und den Päpsten für
die äußerste Sorgfalt danken, womit sie diese Secten sofort zu unterdrücken suchten.

36. Aber um die Heiligkeit der Ehe zu schützen, war es nicht genug
zu erklären, daß sie erlaubt, ja ein hl. Sacrament sei; es mußten auch
die Bedingungen gewahrt und näher bestimmt werden, welche, wie wir
gesehen, die Natur selbst für die Eingehung der Ehe gesetzt hat. Das
that die Kirche durch die Aufstellung der Ehehindernisse, wodurch sie zugleich die wichtigsten Interessen der Menschheit schützte. Sie hat erklärt,
in wie weit unreifes Alter, Zwang, Irrthum, Betrug die Ehe ungültig
mache. Sie hat durch ihre Gesetze gewissen Verbrechen: Gattenmord,
Ehebruch, Raub, die Möglichkeit genommen, die Ehe als Frucht und
Siegespreis der Bosheit davon zu tragen. Sie hat, indem sie die
Ehen zwischen Getauften und Ungetauften unmöglich machte, die Gläu-

bigen vor unchristlichem Verderbniß bewahrt. Sie hat endlich die von der Natur geforderten Ehehinderniße der Verwandtschaft näher bestimmt und weiter ausgebildet, und das ganz im Einklang mit dem Naturrecht; denn wenn dieses auch nur die Ehen zwischen den allernächsten Verwandten strenge verbietet, so mahnen doch die Gründe solchen Verbotes, nicht freilich gebieterisch, aber immerhin bringend genug, auch von Ehen in weitern Verwandtschaftsgraden ab; und die Kirche hat darum durch Aufstellung dieser Ehehinderniße sich die größten Verdienste um die Menschheit erworben. Wir wollen hier ganz absehen von den Gefahren der Sittlichkeit, die aus der Leichtigkeit der Ehen unter nahen Verwandten immer entstehen. Wir machen nur aufmerksam auf die oben berührten unheilvollen natürlichen Wirkungen solcher Verbindungen. In der That, wie viele Uebel wären über die christlichen Völker hereingebrochen, wenn das sittliche Verderbniß, wie es im Anfang der christlichen Zeitrechnung unter den Völkern bestand, fortgewuchert hätte und die öffentliche Sitte in diesem Punkte nicht völlig von der Kirche umgewandelt wäre! Man bedenke doch nur, daß das Naturgesetz, welches Ehen unter Geschwistern verbietet, auf die schnödeste Weise von den Griechen [1], dem gebildetsten Volke der Erde, verletzt wurde. Ganz gewöhnlich waren solche blutschänderischen Verbindungen unter den Persern [2]; beide Nationen aber übten den größten Einfluß auf andere Völker aus, letztere durch die von ihr begründete Weltherrschaft, erstere nicht nur durch die Waffen Alexanders, sondern noch mehr durch ihre Cultur. So darf es uns nicht Wunder nehmen, daß die Ptolemäer mit dem verderblichsten Beispiele den Aegyptiern vorangingen, indem sie ihre Schwestern heiratheten. Bei den Römern wehrte freilich Gesetz und Sitte solche Gräuel. Außerdem verbot das römische Recht die Ehen zwischen Personen, welche einen gemeinschaftlichen Stammvater haben, von welchem der eine Theil durch unmittelbare Zeugung, der andere durch mehrere abstammte. Aber schon hatte Kaiser Claudius dieses Verbot gelockert [3]. Und wohin wäre es in dieser Beziehung bei dem steigenden Verderbniß ohne das Christenthum gekommen? Der Wille der Kaiser war ja Gesetz, und bis zu welchem Grade von Unnatur selbst sich diese verirren konnten, zeigt das Beispiel eines Nero. Man wäre wohl auch in der Cor-

---

[1] Wenigstens in Athen, der Metropole der Bildung. Nepos Cimon c. 1.
[2] Döllinger, Heidenthum und Judenthum. S. 377.
[3] Gotofredus in seinen Noten zum Codex Theod. I. p. 337.

ruption dorthin fortgeschritten, wo Griechen, Aegyptier bereits ange-
langt waren.

37. Wenn nun heutzutage die Verbindungen unter Geschwistern
bei allen gebildeten Völkern als eine entsetzliche Blutschande gelten,
wenn das sittliche Bewußtsein auch die Ehen in weitern Graden der
Verwandtschaft entschieden mißbilligt, wem schuldet man solches? der
Kirche. Sie hat durch ihren Geist und ihre Gesetzgebung von den ersten
Jahrhunderten an hierauf gewirkt. Schon die von den ältesten Synoden
erlassenen Canones enthalten Verbote für gewisse Verwandtschaftsgrade [1].
Den ausdrücklichen Bestimmungen der Kirche jedoch ging die christliche
Sitte voraus, welcher gerade in Bezug auf Ehesachen Augustinus die
heilsamste Wirksamkeit [2], Basilius aber Gesetzeskraft zusprach [3]. Je mehr
Einfluß die Kirche auf die Völker, auf deren Sitten und öffentliches Leben
gewann, je mehr sie Alles mit ihrem Geiste erneuerte, desto bestimmter
und ausgedehnter wurde ihre Gesetzgebung in Bezug auf das Ehehinderniß der Verwandtschaft. Das geschah jedoch langsam, mit vieler
Rücksichtnahme auf die gegebenen Verhältnisse; deßhalb milderte die
Kirche ihre Eheverbote neubekehrten Völkern gegenüber, so Gregor I. für
die Angelsachsen, Gregor II. für die von Bonifacius bekehrten Deutschen.
Als das kirchliche Leben aber unter diesen Völkern erstarkte, drang auch
hier die gesammte kirchliche Ehegesetzgebung durch.

38. Die Schwägerschaft, die Annahme an Kindesstatt, endlich auch
die Spendung der Taufe und der Firmung begründen ähnliche Verhältnisse, wie die Blutsverwandtschaft, und darum sind auch ihretwegen
Ehehindernisse von der Kirche aufgestellt. Eine Erörterung derselben würde
uns zu weit führen. Nur über die geistige Verwandtschaft zwischen
Täuflingen und Pathen sei uns ein Wort gestattet [4]. Wer im Gevat-
terstehen nichts als eine Höflichkeit sieht, die höchstens zur Theilnahme
am Taufessen berechtigt und zu Geschenken verpflichtet, wird es aller-
dings unbegreiflich finden, daß die Kirche von einem solchen Verhältniß
die Gültigkeit oder Ungültigkeit einer Ehe abhangen läßt; aber die
Kirche betrachtet die Taufe und die hohen Verpflichtungen der Pathen
mit dem Auge des Glaubens, nicht nach dem Brauche der Welt. Die
Pathen legen nach den Grundsätzen der christlichen Religion anstatt des

---

[1] Hierüber später noch ein Weiteres.
[2] De civit. Dei. XV. 16. [3] Ep. ad Diodorum.
[4] Schulte, Eherecht. S. 188.

Täuflings das Versprechen ab, den durch die Taufe den Christen ob=
liegenden Verpflichtungen nachzukommen; sie sind darum zugleich Bürgen
für die Haltung dieses feierlichen Taufgelübbes und müssen, so viel an
ihnen ist, Sorge tragen, daß der Täufling nach demselben handle. Sie
treten auf diese Weise in ein ähnliches Verhältniß zum Täufling, haben
ähnliche Verpflichtungen ihm gegenüber, wie seine leiblichen Eltern. Wer
nun dieses mit lebendigem Glauben erfaßt, wird leicht einsehen, warum
die Kirche bestimmte, dieses zarte Verhältniß solle nicht durch sinnliche
Neigungen entweiht werden, und deßhalb die Ehe zwischen den so Ver=
bundenen untersagte.

39. Indem die Kirche die verschiedenen Hindernisse der Verwandt=
schaft aufstellte, entsprach sie ganz den Absichten des Schöpfers. Dieser
wollte nämlich, wie oben angeführt worden ist, und die natürliche Scheu
vor der Verbindung in dem nächsten Verwandtschaftsgrade beweist, durch
das Eheband immer weitere Kreise der menschlichen Gesellschaft durch
feste Liebe verbinden. Die Kirche hat durch ihre Gesetzgebung dieses
Ziel angebahnt und die Schranken engherziger Verwandtschaftsliebe, die
im Grunde nur Egoismus ist, durchbrochen. Sie verfuhr hierbei aber
mit großer Weisheit, indem sie sich in der Durchführung des vom
Schöpfer gewollten Planes an die Anschauungen der einzelnen Völker
anschloß und, je nachdem das Verwandtschaftsgefühl stärker oder schwächer
war, auch die Grenzen ihrer Eheverbote erweiterte oder einschränkte [1].

40. Wir kommen jetzt zu einem andern Ehehinderniffe, das dem
wahren Wohle der Menschheit nicht minder nützlich ist; die Kirche hat
nämlich die jungfräuliche Keuschheit Derer, die sich Gott und seinem
hl. Dienste geweiht, durch die Ehehinderniffe des Gelübbes und der
Priesterweihe geschützt [2]. Nicht Alle freilich faffen dieses, aber schon der
Heiland hat das vorausgesagt; denn nachdem er von Denen gesprochen,
die um des Himmelreiches willen unwiderrufliche Enthaltsamkeit erwählt,
setzt er hinzu: Wer es faffen kann, faffe es. Die Kirche verstand indeß
die Worte ihres Meisters, sie hat den hohen Werth der Jungfräulichkeit
begriffen und diesen Stand immer für ihre größte Zier gehalten, da sie
in demselben das Wort ihres Heilandes schon auf Erden erfüllt sieht:

---

[1] Schulte a. a. O. S. 157. 164.
[2] Phillips, Kirchenrecht. I. 701 ff. (Volk) Der Cölibat. Regensburg 1841.
Thomassin, Vetus et nova disc. p. I. l. 2. c. 60 sq. Arcudii de presbyt.
Graecorum matrimonio im Thesaur. von Zaccaria XII. 872.

„Sie werden nicht heirathen, sondern sein wie die Engel des Himmels."
Ja die Keuschheit des Priesterthums hat nach den beredten Worten
Berger's[1] ein noch höheres Vorbild; sie hat „ihr Vorbild in der Kirche,
die über den Engeln ist, in der jungfräulichen Gottesgebärerin, die über
der Kirche steht, in Christus, der erhabener denn die hl. Jungfrau ist,
in Gott, der höher als Christus (der Menschheit nach betrachtet) ist,
denn Gott ist Christi Haupt. So wie Gott zugleich jungfräulich ist,
indem er den Sohn zeugt, ohne Eintrag der Jungfräulichkeit und Keusch=
heit, sowie Maria denselben Sohn als Jungfrau ·und Mutter gebiert,
so schaut Christus mit unversehrter Fruchtbarkeit seinen ewigen Stamm.
So wie die Kirche als eine keusche Jungfrau Christus verlobt ist, und mit
unberührter Jungfrauschaft täglich Gott die heilige Nachkommenschaft
gebiert und über den ganzen Erbkreis verbreitet, so sind die Bischöfe
und Priester keusch und jungfräulich, von fruchtbarer Keuschheit, weil
sie die Fruchtbarkeit der Kirche, mit welcher sie Söhne gebiert, selbst
haben und behalten, mit der Fruchtbarkeit aber die Keuschheit."

Ein anderes Lob spendet der Apostel Paulus[2] dem jungfräulichen
Stande, wenn er sagt: „Wer kein Weib hat, sorgt nur für das, was
des Herrn ist, wie er Gott gefallen möge. Wer aber ein Weib hat,
sorgt für das, was der Welt ist, wie er dem Weibe gefallen möge,
und er ist getheilt. Und ein unverheirathetes Weib und eine Jungfrau
ist auf das bedacht, was des Herrn ist, damit sie an Leib und Geist
heilig sei." Diese Worte zeigen hinlänglich, wie sehr der jungfräuliche
Stand sich für diejenigen gezieme, welche sich dem Dienste der Religion
gänzlich gewidmet haben. Und wenn in demselben Capitel des Corin=
therbriefes Eheleute daran erinnert werden, daß Enthaltsamkeit mehr zum
Gebete befähige, was ist erst von der Darbringung des hl. Meßopfers
zu sagen? Hat doch nicht nur das Gesetz Gottes die Juden, sondern
ein natürliches Gefühl die Heiden gelehrt[3], daß die Priester zur Dar=
bringung der Opfer sich des ehelichen Umganges enthalten sollen! Ka=
tholische Institutionen wollen vom Standpunkt des katholischen Glaubens
betrachtet werden; denn die Kirche hat alle im Bewußtsein der Wahr=
heit ihres Glaubens angeordnet. Wer nun die katholische Lehre erwägt,
daß die Messe die Erneuerung des Kreuzopfers, die Darbringung des
wahrhaftigen Leibes und Blutes Jesu Christi ist, wird zugeben, daß die

[1] Bei Thomassin und Phillips l. c. [2] 1 Cor. 7, 32.
[3] Siricii ep. ad Gallos n. 6. ap. Coustant 690. Volf, der Cölibat. S. 22 ff.

Kirche den Cölibat ihrer mit diesem Opfer beschäftigten Diener vorschreiben mußte, abgesehen von allen andern untergeordneten Rücksichten.
41. Schon der Apostel sagt von den Wittwen, die für den Kirchendienst auserwählt waren, dann aber heirathen wollten, sie zögen sich
die Verdammniß zu, weil sie das erste Versprechen gebrochen hätten [1].
Diese Stelle läßt schlechterdings keine andere Erklärung zu, als daß die
zum Kirchendienste bestimmten Wittwen vorher ein Versprechen der Keuschheit ablegen mußten. Ohne eine solche besondere Verpflichtung hätte der
Apostel nicht behaupten können, daß sie sich durch das Vorhaben zu
heirathen die Verdammniß zuzögen. An und für sich oder wegen des
christlichen Glaubens ist ja nach der Lehre des Apostels keine Wittwe
verbunden von der Ehe abzustehen. Er will sogar an der bezeichneten
Stelle, daß die jüngern Wittwen wieder heirathen. Der Grund also,
warum die mit dem Kirchendienst betrauten sich dennoch durch die Ehe
die Verdammniß zuziehen, kann nur darin gesucht werden, daß Solche
die Ehelosigkeit unwiderruflich geloben mußten. Galt das nun von den
Wittwen, denen doch nur höchst untergeordnete kirchliche Verrichtungen
oblagen, wie viel mehr mußte nicht die Kirche diese Anforderungen an
ihre Bischöfe und Priester stellen! In der That kann auch nicht bewiesen
werden, daß die Kirche je ihren Priestern gestattete, eine Ehe einzugehen. Im Gegentheil, sie hat dieß schon auf den ältesten Synoden
verboten, die noch vor dem Concilium von Nicäa gehalten wurden.
So heißt der erste Canon der Synode von Neocäsarea in Kappadocien
(zwischen 314 und 324) [2]: „Wenn ein Priester heirathet, soll er
aus dem Klerus ausgeschlossen werden." Gleicherweise verbieten die
apostolischen Constitutionen den Priestern die Ehe, und wenn gleich
diese Schrift weder von den Aposteln, noch vom Apostelschüler Clemens
Romanus herrührt, auch die Zeit ihrer Abfassung ungewiß ist, so bleibt
sie doch immerhin ein Denkmal der ältesten kirchlichen Disciplin. Noch
weiter geht, wie wir gleich sehen werden, die abendländische Synode
von Elvira (305). Dieses Gesetz ist denn auch immer in der Kirche
geblieben. Nicht nur in der lateinischen, sondern auch in der griechischen
Kirche ist es keinem Priester gestattet zu heirathen, und wo solche Fälle
vorkamen, geschahen sie durch Uebertretung der canonischen Satzungen.

---

[1] 1 Tim. 5, 11. 12. Wie sehr diese Stelle Luther „geplagt und schier er-
würget, daß (ihm) das Herz zerschmelzen wollte im Leibe", ja „in ein Winkel
bracht, daß (er) nirgend konnte hinweichen", erzählt er selbst in seinen Tischreden.
[2] Hefele, Conciliengesch. I. 211.

42. Doch bereitete ein Umstand der strengen Durchführung der kirchlichen Anschauung große Hemmnisse; man war nämlich in den ersten Jahrhunderten häufig aus Mangel an geeigneten unverheiratheten Personen genöthigt, Ehemännern die Weihen zu ertheilen. Auch an sie stellte die Kirche die Anforderung der Enthaltsamkeit, konnte jedoch hiermit nicht überall durchdringen, und das ist bekanntlich der Punkt, in dem heutzutage die Kirchenzucht der morgenländischen von der lateinischen Kirche abweicht. Im Abendlande gebot schon die Synode von Elvira [1] (im J. 305 oder 306) durch ihren 23. Canon den Bischöfen, Priestern, Diakonen und allen mit dem Altardienst beschäftigten Klerikern die Enthaltsamkeit von der Gemeinschaft ihrer Frauen, widrigenfalls sollten sie aus dem Klerus ausgestoßen werden. Dieselbe Verfügung sehen wir das zweite Concil von Karthago (390) durch seinen zweiten Canon für die Bischöfe, Priester und Diakonen treffen, und zwar mit Berufung auf die Lehre der Apostel und die Uebung des kirchlichen Alterthums. Auch unter den ältesten päpstlichen Rescripten, die wir in der Dionysischen Sammlung finden, begegnen uns ähnliche Verordnungen. So schärft Siricius [2] in seinem Brief an den Bischof Himerius die gänzliche Enthaltsamkeit ein; er beklagt tief deren Uebertretungen, erinnert an das Gesetz des alten Bundes, das den Priestern während des Opferdienstes Enthaltsamkeit gebot, und behauptet, Christus habe gewollt, daß seine Kirche durch den Glanz der Keuschheit strahle, darum seien alle Priester und Diakonen durch ein unauflösliches Gesetz gehalten, Herz und Körper der Enthaltsamkeit und Züchtigkeit zu weihen. In einem andern Schreiben (an die gallischen Bischöfe) beruft sich derselbe Papst hierfür auf die Vorschriften der Väter [3]. Wie Siricius, dachten auch seine Nachfolger. Sie hielten den Cölibat der Priester für einen der wichtigsten Punkte der Kirchenzucht und mahnten unaufhörlich zu dessen Beobachtung. Die Regesten der Päpste geben hiervon zahllose Belege.

43. Was nun den Orient betrifft, so konnte die Kirche dort ihre strenge Anforderung an verheiratete Priester nicht durchsetzen. Freilich muß man sich die Sache nicht so vorstellen, als ob von Anfang an ein Unterschied zwischen den beiden Theilen der Kirche stattgefunden. Epiphanius aus Cypern sagt [4] ganz allgemein, daß die Kirche entweder

---

[1] Hefele, Conciliengesch. I. 140.
[2] Coustant l. c. p. 629 sq.　[3] Coustant l. c. p. 689.　[4] Haeres. 59.

Unverheirathete oder wenn Verheirathete, doch nur Enthaltsame zu
Diakonen und Priestern weihe, wenigstens dort, wo die kirchlichen
Satzungen genau beobachtet werden. Dieser Zusatz deutet nun freilich
an, daß an manchen Orten diese Bestimmung, welche Epiphanius von
den Aposteln herleitet, nicht beobachtet wurde, zeigt aber zugleich, worauf
die Kirche damals auch im Orient drang. Hieronymus bezeugt [1] um
dieselbe Zeit (406), daß die Kirchen des Orients, Aegyptens und des
apostolischen Stuhles (also die drei alten Patriarchate: Rom, Alexandrien
und Antiochien) entweder nur Unverheirathete oder doch solche, die in
der Ehe sich der Gemeinschaft ihrer Frauen enthielten, zuließen. Solche
Zeugnisse beweisen, daß damals die Verschiedenheit der morgen- und
abendländischen Kirchenzucht noch nicht so groß war wie heutzutage.
Mehrere Abweichungen von der Strenge des Gesetzes kamen freilich bei
den Griechen vor, sie wurden später immer häufiger und waren ganz
allgemein, als die Trullanische Synode die damals bestehende laxe Praxis
förmlich bestätigte und als die richtige Mitte der römischen Kirche gegenüber anpries [2].

44. Auch im Abendland wäre es dahin gekommen, hätten nicht
die Päpste die schon vielfach eingerissenen Mißbräuche immer wieder
ausgerottet. Aber dieß geschah nicht ohne die größten Kämpfe. Es ist
unglaublich, welche Thatkraft die Oberhirten der Kirche für die Reiner-
haltung der priesterlichen Keuschheit aufbieten mußten. Wir können diese
Kämpfe nur begreifen, wenn wir beherzigen, durch welche Zeiträume die
Kirche gegangen ist. Man denke nur an das entsetzliche Sittenverderbniß
unter den Römern und Griechen, an die Stürme der Völkerwanderung,
an die traurigen Zeiten roher Gewalt, welche darauf folgten [3]. In
diesen empörten sich alle Elemente des Lebens und drohten in wildem
Aufruhr sich gegenseitig zu verschlingen. Wirklich wurden von wilden
und halbwilden Horden die ältere Bildung und die gesellschaftlichen
Ordnungen, in welchen sie geblüht hatte, zerstört; durchaus ungebändigte
Naturen traten in die Kirche ein, und da Bischöfe und Priester nicht
aus den Wolken herab fallen, mußten sie aus jenen genommen werden.
Noch schlimmer war es, daß wegen des reichen kirchlichen Besitzes sich
so viele Unwürdige in den Klerus einzudrängen suchten oder auch von

---

[1] Adv. Vigilant. c. 1.
[2] Eine Kritik dieses Canons gibt Arcubius l. c. p. 875 sq.
[3] Möhlers Symbolik. VI. Aufl. S. 352.

den Fürsten der Kirche aufgebrängt wurden. Darum mußten die Päpste, welche für die Enthaltsamkeit des Klerus eiferten, zugleich gegen die Eingriffe der kaiserlichen Macht ringen, und es bedurfte der eisernen Festigkeit eines hl. Gregor **VII.** oder vielmehr der in den Heiligen so wunderbaren Kraft Gottes, um zu siegen. Die Kirche mußte zu den äußersten Maßregeln schreiten. Darum schnitten denn die Päpste und die Concilien auf die bestimmteste, ausdrücklichste Weise allen Geistlichen der höhern Weihen, sowie den Ordensleuten die Möglichkeit ab zu heirathen, indem sie für die Zukunft alle Ehen derselben für nichtig und ungültig erklärten [1].

45. Aber nicht nur die Nothwendigkeit, den für die geistlichen Verrichtungen so geziemenden und nützlichen Cölibat zu erhalten, trieb die Kirche an, das besagte trennende Ehehinderniß aufzustellen, es lag dieß ganz im Geiste ihrer Lehre, weßhalb auch früher schon diese Bestimmung wiederholt getroffen war. Der Eintritt in einen Orden und der Empfang der höhern Weihen kann mit vollem Recht als eine geistige Ehe betrachtet werden; durch das Umfassen des gottgeweihten und zur ewigen Keuschheit verpflichtenden Standes übergibt man sich selbst ganz dem Herrn, verliert damit die Gewalt über seinen Körper und kann mithin dieselbe nicht mehr durch Eingehung der Ehe einem Andern übertragen. Ueber eine verfügte Sache kann man nach Vollzug der Verfügung nicht mehr zum zweiten Male verfügen. Dieser Grundsatz ist klar. Auch seine Anwendung auf unsere Frage ist leicht.

46. Aber groß war die Schwierigkeit, ihn auszuführen, und ewig ist Gott zu danken, daß er den Päpsten die Macht gegeben, alle entgegenstehenden Hindernisse zu überwinden. Denn durch den Cölibat erhielt die Kirche so viele engelreine Diener, deren Heiligkeit sie für alle Zeiten schmücken wird; dadurch gewann sie so viele Hirten, welche auch in den größten Schrecken des Todes Kranke und Sterbende nicht verließen; dadurch bildete sie so viele Priester, welche ungehindert, ungetheilt dem Gebete und den Studien, dem Dienste und der Pflege der Armen, der Spendung der Sacramente und Darbringung des erhabensten Opfers obliegen, und ihr Einkommen mit dem Dürftigen theilen konnten; dem heilig gehaltenen Cölibat verdankte der Klerus Muth, Kraft, Ansehen, um die Lehren des Evangeliums ohne alle menschlichen Rücksichten Fürsten

---

[1] Can. 8. dist. 27. (Lateran. I. v. J. 1123.) c. 40. caus. 27. q. 1. (Later. II. v. J. 1139.) cap. 4. X. de clericis conjug. (III. 3.) (Alexander III. im J. 1170.)

und Völkern zu verkündigen; mit einem Wort, kraft der jungfräulichen Keuschheit der Priester strömen die Segnungen des Christenthums reichlicher über die Menschen, ja wahrscheinlich hätten sie ohne dieselben niemals begonnen, auf uns zu fließen; denn es liegt in der Natur der Sache, die Geschichte aller Zeiten hat es gezeigt und neuerdings bewies es Marshall fast auf jeder Seite seines Werkes über die Missionen: Beweibte Missionäre sind nicht geeignet für die Verbreitung des Christenthums; schwerlich hätten die Apostel unter unsäglichen Mühsalen, Gefahren und Leiden das Evangelium der ganzen Welt verkündigt, schwerlich wären zu demselben Zwecke Kilian, Severin, Willibrord, Bonifacius in die Wälder und Sümpfe Deutschlands· vorgedrungen, wenn sie nicht auf Alles, und besonders auf die Ehe verzichtet hätten. Darum mögen wir uns immerhin der Segnungen des Christenthums erfreuen, stolz sein auf die Bildung und Gesittung, die es uns gebracht, aber vergessen wir dabei nicht der unsäglichen Mühen und Schmerzen, unter denen die Kirche die christliche Civilisation geboren, erinnern wir uns der langen Kämpfe, welche die Päpste, um ihre vielen andern Verdienste um dieselbe zu verschweigen, für den priesterlichen Cölibat geführt; hierdurch erhielten sie ein Institut, das allein die wirksame Predigt der christlichen Religion ermöglichte, deren Segensfülle auf die Völker leitete, das endlich, wie wir sahen, nothwendig war, um die Ehe, das Fundament der menschlichen Gesellschaft, in Reinheit und Heiligkeit zu bewahren. Darüber wird uns das Folgende noch Aufschluß geben.

47. Wir müssen jedoch vorher noch ein Wort über die Verletzungen des Cölibats reden, die freilich zu einigen Zeiten der Geschichte und an einigen Orten nicht unbedeutend gewesen sind, obwohl vielleicht nirgends so große Uebertreibungen gemacht wurden, als in diesem Punkte. Niemand kannte besser, beweinte mehr die Größe dieses Uebels, als die Kirche selbst; sie hat aber darum den Cölibat selbst nicht abgeschafft, weil wegen des Mißbrauches die Sache selbst nicht aufzuheben ist. Sonst müßte Gott die Freiheit des Willens, das Licht der Vernunft auslöschen, weil Viele diese göttlichen Kräfte so entsetzlich mißbraucht haben. Die Kirche thut aber stets alles Mögliche, um das Priesterthum rein und keusch zu bewahren. Erreicht sie dennoch mitunter ihre Absicht nicht, so ist das nicht ihre Schuld, sondern, abgesehen von den betreffenden Geistlichen, die, wenn sie wollten, überreichliche Gnade zur Haltung des Cölibates hätten, war deren Fall manchmal gerade denen zuzuschreiben, welche am meisten darüber Lärm machten. Oder wer trägt die Schuld, wenn

man die Regierung drängt, in die Freiheit der Kirche bei Besetzung der
Pfründen einzugreifen, das Patronatsrecht zu Gunsten schlechter Priester
zu mißbrauchen, diese immer mehr der bischöflichen Gerichtsbarkeit zu
entziehen? Wer trägt die Schuld, wenn die Kirche die Geistlichen nicht
gemäß den tridentinischen Beschlüssen ausbilden und von zarter Jugend
auf für ihren heiligen Beruf erziehen kann; wenn sie genöthigt ist,
dieselben auf Anstalten zu schicken, wo sie ein weltliches zuchtloses Leben
beginnen oder gar schon im Knabenalter das Laster erlernen? Wer trägt
die Schuld, wenn der Ordensstand, in seiner Blüthe der Hort und das
Muster priesterlicher Keuschheit, verkümmert wird, und die geistlichen
Erneuerungsmittel gehindert werden? Man beantworte diese Fragen und
höre auf, die Kirche anzuschuldigen. Jedenfalls bleibt es wahr, daß
wegen eines Mißbrauches, der vermieden werden kann und soll, der so
herrliche, sich für den priesterlichen Stand so geziemende, für die Menschheit so segensreiche und nothwendige Cölibat nicht aufgehoben werden muß.

48. Durch Aufstellung der Ehehindernisse ist die Kirche bemüht
gewesen, die Bedingungen zu sichern und näher zu bestimmen, welche
das Naturrecht und das Christenthum zur Eingehung einer sittlichen
Verbindung der beiden Geschlechter aufstellen. Das war jedoch nicht
genug, es kam nun auch darauf an, den einmal geschlossenen Ehebund
vor Auflösung zu bewahren. Welch' schwierige übermenschliche Aufgabe!
Wir wollen ganz absehen von der Gewalt des zu bezwingenden flatter-
haften Triebes, wir erinnern nur an die Verhältnisse, unter denen das
Christenthum auftrat. Die Ehescheidung war durch alle weltlichen Gesetze
gestattet, selbst unter den Juden erlaubt; bei ihrer Abschaffung galt es,
Jahrhunderte lang genährte, das ganze öffentliche Leben beherrschende
Vorurtheile auszurotten. Kein Wunder, daß nach dem Zeugnisse des
Origenes (in seinem Commentar zum Matthäus) [1] schon zu seiner Zeit
einige Bischöfe die Trennung der Ehe „wider die Schrift" gestatteten,
und der große Gelehrte sie entschuldigte. Derselbe Fall kam auch später
öfter vor. Der Widerspruch zwischen der christlichen Religion und dem
öffentlichen Leben war so schreiend, daß sogar die christlichen Kaiser die
Ehescheidung für gewisse Fälle zugaben. Nicht so die Kirche, sie hielt
unerbittlich an den Worten ihres göttlichen Meisters fest.

---

[1] Die Erörterung dieser und der andern patristischen Stellen über die Unauflöslichkeit der Ehe siehe bei Perrone, de matr. III. Arcudii l. c. p. 785 sq.
Tournely, de sacr. matr. q. 5. a. 2. Berlage, Dogmatik VII. S. 786 ff.

49. Wir haben dafür aus den ersten Jahrhunderten die Zeugnisse des Hermas, Justinus, Athenagoras, Tertullian, Clemens Alexandrinus, Cyprian, der apostolischen Canones, der Synode von Elvira. In den Zeiten dieser Väter war es freilich noch leichter, das Verbot der Scheidung auszuführen, weil die Zahl der Christen kleiner und eifriger war. Als aber nach der Bekehrung Constantins die große Masse der Heiden anfing einzutreten, wurde die Schwierigkeit über alle Begriffe groß, die Kirche mußte lange ringen, bis sie die weltliche Gesetzgebung und das öffentliche Leben mit ihrem Geiste durchdrungen hatte. Wie behutsam sie hierbei zu Werke gehen mußte, zeigen die Worte der Synode von Arles [1] (vom J. 314); sie beschließt in ihrem X. Canon, man solle jungen Ehemännern, welche ihre Frauen im Ehebruch ertappen, so viel als möglich an's Herz legen, zu Lebzeiten ihrer Frauen keine andern zu nehmen. Viel entschiedener drückt sich die XI. karthagische Synode (vom J. 407) in ihrem VIII. Canon aus [2]: „Getrennte Ehegatten dürfen nicht wieder heirathen, sondern sollen sich versöhnen oder geschieden leben." Dieser Canon wurde den Rechtssammlungen sowohl der abendländischen als griechischen Kirche einverleibt, ohne daß man auf den Gegensatz der weltlichen Gesetzgebung Rücksicht nahm; die hl. Väter behaupteten vielmehr von jeher auf das Entschiedenste, im Widerstreit müsse hier das christliche Gesetz vorgehen. So sagte Chrysostomus [3]: „Nicht nach jenen (weltlichen) Gesetzen wird Gott richten, sondern nach denen, die er selbst aufgestellt hat." Ambrosius [4]: „Du glaubst, Scheidung sei erlaubt, weil das menschliche Gesetz sie gestattet. Höre (dagegen) das Gesetz Gottes, dem auch die Gesetzgeber unterthan sind." Augustinus [5]: „Es ist nicht erlaubt nach dem Gesetze des Himmels, mag es auch erlaubt sein nach dem Gesetze des bürgerlichen Gerichtes."

50. Auf diese Weise mahnen die hl. Väter von der Ehescheidung ab; besonders aber waren es die Päpste, welche mit eiserner Festigkeit das christliche Gesetz zur Ausführung brachten. Der hl. Hieronymus [6] erzählt uns hierüber folgende Thatsache, die sehr viel beitrug, den neubekehrten Heiden die Unbeugsamkeit der Römischen Kirche zu zeigen. Fabiola, aus einer der angesehensten Familien Roms, hatte, unbekannt

---

[1] Hefele, Conciliengesch. I. 179. [2] Hefele a. a. O. II. 89.
[3] In hom. de libello repudic. in 1 Cor. VII, 39. ed. Montfaucon, III. 204.
[4] L. VIII. in c. 16. Luc. n. 5.
[5] Serm. 290. t. V. p. 1304. Ed. Maur.
[6] Ad Oceanum ep. 77.

mit der Strenge des Evangeliums, nach der Scheidung von ihrem, wegen widerlicher Laster unerträglichen Manne, eine zweite Ehe geschlossen. Hierfür that sie Angesichts der ganzen Stadt öffentliche Kirchenbuße. Sie beweinte, was sie gethan, als Ehebruch, stand vor der Kirchenthüre im Bußkleid, schweigend, mit bloßem Haupte, gelöstem Haare, niedergeschlagenen Augen. Bischof, Priester und Volk weinten ob diesem Anblick. Als sie wiederum in die Kirchengemeinschaft aufgenommen war, widmete sie ihr Leben ganz und gar der Liebe und Wohlthätigkeit, Alles gab sie an die Armen und stiftete das erste Krankenhospital, worin sie selbst den Unglücklichen diente.

51. Ein anderes Beispiel, wie sehr die Päpste für die Unauflösbarkeit des Ehebundes eiferten, ist folgendes. Ursa ward beim Einfall der Barbaren in die Gefangenschaft geschleppt. Bei ihrer Rückkehr fand sie ihren Mann mit einer Andern verheirathet. Das arme Weib nahm seine Zuflucht zum Papste Innocenz I. [1] Dieser entschied für den Bestand der ersten Ehe, und befahl die Lösung der zweiten ehebrecherischen Verbindung. Aehnliche Beispiele, daß das schwache Geschlecht seine Zuflucht zum obersten Horte aller Unglücklichen nahm, finden wir viele; und im Hinblick auf die Geschichte muß man sagen: nur durch den kräftigen Schutz der Päpste ist das Weib aus dem Stande der Erniedrigung, worin es sich bei den Heiden insgemein befand, errettet worden.

Was Innocenz I. in Rom that, befahl er auch allen andern Bischöfen. Exuperius, Bischof von Toulouse, hatte (im J. 405) ihn um Rath gefragt, was mit denen zu thun sei, welche nach der Scheidung zu Lebzeiten des andern Gatten sich wiederverheiratheten. Der Papst antwortet [2]: „Es ist offenbar, daß (diejenigen, welche die zweite Ehe eingehen) beide Ehebrecher sind," und nach Anführung der bekannten Worte des Heilandes setzt er hinzu, daß man sie aus der Gemeinschaft der Gläubigen ausschließen müsse.

52. Auf diese Weise stützte der Papst die Bischöfe im Kampfe, den sie zur Vertheidigung des Ehebandes führen mußten. Je mehr darum die Griechen ihre Gemeinschaft mit Rom lockerten, desto unfähiger wurden sie, die einschlägigen strengen Grundsätze des Evangeliums festzuhalten und das öffentliche Leben sammt der weltlichen Gesetzgebung darnach umzugestalten. Sie hatten freilich den oben erwähnten Canon der kar-

---

[1] Innocentii ep. ad Probum. Coustant l. c. p. 909.
[2] Ep. ad Exuperium n. 12. Coustant l. c. p. 794.

thagischen Synode, welche die Ehescheidung verbietet, in ihre Rechts=
sammlungen aufgenommen, vermochten aber nicht, ihn durchzuführen.
Selbst der Kaiser Justinian erlaubte die Auflösung der Ehe. Hierzu
kam der Einfluß des schlimmen Beispieles, das der byzantinische Hof
gab. Besonders verderblich wirkte (im J. 795) die ärgerliche Ehescheis
dung des Kaisers Constantin VI., weil sie sogar von einigen Bischöfen
gebilligt wurde[1]. Wer sollte nun den immer häufigeren Ehescheidungen
entgegentreten? Den Vater der Gläubigen hatte man von sich gestoßen:
die entarteten Söhne waren sich selbst überlassen, an Zucht war nicht
zu denken. In der Gegenwart vollends lähmt die Käuflichkeit des grie=
chischen Klerus, die Furcht, daß die Bestraften zum Mohamedanismus
abfallen möchten, alle Handhabung der kirchlichen Ordnung[2].

53. Ganz verschieden war der Verlauf des Kampfes im Abendlande.
Wenn aber die Kirche in diesem Kampfe gesiegt, wenn sie die Unauf=
lösbarkeit bei den Völkern vollkommen zur Anerkennung gebracht hat,
so müssen wir dieses zumeist den Päpsten zuschreiben. Man mag
immerhin das Familienleben der alten germanischen Völker rühmen,
ihnen einen Einfluß auf die geistige Wiedererneuerung beilegen; aber
von der andern Seite ist es auch sicher, daß ihre Sitten weit von der
Vollkommenheit des christlichen Gesetzes abstanden. Ihr Lobredner Ta=
citus muß eingestehen, daß Vielweiberei bei ihnen, wenn auch selten,
vorkam. Häufiger waren die Ehescheidungen; die Leichtigkeit, womit
das fränkische und burgundische Recht sie gestatten[3], beweist es.

Doch die Päpste ließen nicht nach, für die Reinheit und Unverletz=
lichkeit der christlichen Ehe zu ringen und zu gleichem Kampfe die Bi=
schöfe aufzufordern, wenn diese bisweilen vor der ungebändigten Natur
der noch barbarischen deutschen Völker und vor den mit königlicher Macht
trotzenden Leidenschaften zurückzuweichen begannen. Die Geschichte hat
uns in dieser Hinsicht mehrere Beispiele aufbewahrt.

54. König Lothar[4] verstieß (um's J. 859) seine Gemahlin Theut=
berga unter dem Vorgeben schrecklicher Verbrechen und ging eine neue
Verbindung mit Walrada ein. Drei Synoden wurden zu Aachen ge=
halten, die nicht nur die Scheidung aussprachen, sondern auch dem Könige

---

[1] Baronius ad a. 795. n. 42. Pagi, Crit. Bar. Ed. Antw. III. 401.
[2] Perrone, de matr. III. 399. sqq. Siehe unten S. 74. al. 84.
[3] Eichhorn, D. Rechtsgesch. I. 344. Walter, D. Rechtsgesch. II. 134.
[4] Ueber diese Ehescheidungssache s. Hefele, Conciliengesch. IV. 414 ff. Dam=
berger, Gesch. des Mittelalters. III. 350 u. a. O.

eine neue Ehe gestatteten. Die Verlassene wandte sich an den Papst und fand bei ihm den gehofften Schutz. Denn nie hat Jemand kräftiger sich der verstoßenen Unschuld angenommen, als der hl. Nicolaus I. Mehr noch als durch die Thränen und Klagen der Königin wurde er bewegt durch die Makel, die wegen jener Verbindung die Kirche Gottes befleckte, durch das böse Beispiel, das, von einem so hochstehenden Manne verübt, Tausende nach sich ziehen und in den Abgrund des Verderbens stürzen werde. Vor Allem suchte er die Bischöfe des Reiches, die im Ganzen auf seiner Seite waren, in muthiger Pflichterfüllung zu stärken, ordnete eine Synode an, schickte Gesandte und schrieb an jene [1]: „nur dann werde die gebührende Achtung der priesterlichen Würde er= zeigt, wenn man sie Barmherzigkeit mit Gerechtigkeit gegen Alle üben sehe und sie hierin nicht durch Gunst zurückgehalten, nicht durch Furcht geschreckt, nicht durch Gold oder Ehrenstellen bestochen, sich vom Wege der Gerechtigkeit abwenden ließen. In so hohem Grade als ihnen die Sorge für die Mitmenschen anvertraut sei, müßten sie auch ihren Eifer denselben ohne Ansehen der Person zuwenden. Nur Gott vor Augen, sollten sie ohne Rücksicht auf Fürsten oder zeitliche Schreckniffe erforschen und beschließen, was der Gerechtigkeit und Wahrheit angemessen sei." Als nun die Synode von Metz (im J. 863) sammt den päpstlichen Legaten sich vom König hintergehen ließ, befahl der Papst den Bischöfen, sie sollten mit Bitten, Beschwören, Mahnen, Hinweisen auf die Ver= gänglichkeit der Glücksgüter, auf die Ewigkeit, den besagten König öfters ansprechen und ihn im Namen Gottes und kraft Apostolischen Befehles mit Androhung der Excommunication mahnen. Der hl. Papst sah im Geiste schon das unglückliche Ende des Fürsten voraus und fügte diese Worte hinzu: „Also Brüder, handelt wie die tapfersten Soldaten, wie die wachsamsten Hirten; rettet diesen Mann, der sich in den Tod stürzt, sucht ihn zu befreien, der in das Verderben gezogen wird. Wenn er nicht hört, geht er in seiner Bosheit zu Grunde, sein Blut wird dann nicht von Euch gefordert [2]." Außer solchen Mahnworten ließ er kein anderes Mittel unver= sucht, er schrieb [3], bat, drohte dem Lothar, er wandte sich an seinen Bruder, den Kaiser Ludwig, an Karl den Kahlen und Ludwig den Deutschen, daß

---

[1] Ep. S. Nicolai I XXI. (vom J. 862) Ed. Migne t. 119. c. 801.
[2] Ep. S. Nicolai I. LXXX. (vom J. 865) Ed. Migne t. 110. c. 916.
[3] Siehe besonders den Brief, den mit andern hierhin gehörigen Documenten Floß veröffentlicht hat: Papstwahl unter den Ottonen, im Anhang S. 30 f.

sie doch ihren Neffen auf andere Wege bringen möchten. Er schickte einen zweiten Gesandten, welcher wenigstens dem äußern Schein nach das königliche Ehepaar unter sich versöhnte. Leider war dieß nicht von Dauer. Als Walrade aus dem Verwahr entflohen und in das Reich Lothars zurückgekehrt war, begann wiederum das alte Spiel. Theutberga wurde nun selbst der unaufhörlichen Kränkungen, Plackereien, Gefahren müde, und bat den Papst um Auflösung der Ehe. Nicolaus blieb fest, erlebte aber nicht mehr den Ausgang der Sache. Wie sie endete, ist bekannt. Lothar war nach Italien gereist, um persönlich mit dem Papst zu verhandeln. Dort ereilte ihn und seine Eideshelfer 869 das vielfach erwähnte Gottesgericht, wodurch Gott die Heiligkeit zweier seiner Sacramente, der Eucharistie und der Ehe, rächte. Hierfür nämlich wurde der rasche Tod Lothars und seiner Begleiter von den Zeitgenossen angesehen.

55. Viel schneller wurde durch die Dazwischenkunft des hl. Stuhles ein anderer mißlicher Ehehandel abgemacht. Der deutsche König Heinrich IV. wollte sich nämlich von Bertha scheiden [1]. Erzbischof Siegfried von Mainz war froh, die Entscheidung der Sache dem Papste zuschieben zu können. Diese erfolgte auf der Versammlung zu Frankfurt (1069) durch den päpstlichen Gesandten, den hl. Petrus Damianus. Der durch sein hohes Alter und seinen Lebenswandel gleich verehrungswürdige Cardinal erklärte im Namen des Papstes: „Die vom Könige verlangte Ehescheidung sei etwas überaus Sündhaftes, jedem Christen und zumal einem Könige höchst Ungeziemendes; sollten die übereinstimmenden Staats- und Kirchengesetze nicht ausreichen, um ihn abzuschrecken, so möge er doch seine königliche Ehre schonen und den öffentlichen Ruf berücksichtigen, damit nicht das Gift des bösen Beispiels, vom Throne ausgehend, das gesammte Christenvolk anstecke, und derjenige den Frevlern gleichsam die Fahne vorantrage, welcher zuerst verpflichtet sei, Frevelthaten zu strafen; schließlich, wenn guter Rath kein Gehör finde, müsse die Kirchengewalt einschreiten." Solche ernste Worte, verbunden mit den einstimmigen Bitten und Klagen der Fürsten, brachen den Widerstand des Königs.

56. Heinrich IV. gerieth bekanntlich später in große Zerwürfnisse mit der Kirche. Vor ihm mußte Gregor VII. aus Rom fliehen, und auch dessen Nachfolger konnten sich anfangs noch nicht dort behaupten. Urban II. ging darum nach Frankreich. In diesem Lande, das ihn gast-

---

[1] Damberger, synchron. Gesch. VI. 745.

lich aufnahm, fand er ein schreckliches Aergerniß. König Philipp I. hatte
1092 seine Frau Bertha verstoßen [1] und sich mit der ihm verwandten
Bertrada, dem entlaufenen Weibe des Grafen Fulko von Anjou, ver=
bunden. Er suchte dies damit zu beschönigen, daß er behauptete, seine
Ehe mit Bertha sei ungültig wegen Verwandtschaft, die Fulko's aber
wegen Zwanges, den man Bertrada angethan habe. Alles lag ihm
daran, den hl. Bischof Ivo, einen der größten Canonisten jener Zeit,
für seinen Plan zu gewinnen. Aber das schlug fehl an der unbe=
stechlichen Heiligkeit dieses Bischofes, den folgende Worte kennzeichnen:
„Möge der König gegen mich thun, was er unter Gottes Zulassung
will und vermag; möge er mich einschließen, verbannen, die Acht über
mich aussprechen; mit der Gnade habe ich beschlossen, für das Gesetz
meines Gottes zu leiden, und keine Rücksicht soll mich zwingen, die
Schuld desjenigen zu theilen, dessen Strafe ich nicht theilen will" [2].
Ivo sprach sich nicht nur mit der größten Freimüthigkeit dem Könige
gegenüber aus, sondern schrieb an den Papst. Der König fand indeß
am Bischof von Senlis einen willfährigen Diener, der seine Verbindung
einsegnete. Als Urban II. solches hörte, wurde er von Schmerz über=
wältigt; er schrieb an den Erzbischof Rainald von Rheims und dessen
Suffraganbischöfe: sie möchten doch den König auf alle mögliche Weise
drängen, von der überaus schweren und gräulichen Sünde abzustehen.
„Verachtet er das, so bleibt uns nichts Anderes übrig, als nach der
Pflicht unseres Amtes die Verletzung des göttlichen Gesetzes zu rächen" [3].
Philipp stand jedoch nicht ab, die felsenfeste Gesinnung dieses verbann=
ten Papstes zu versuchen. Seine Gesandten drohten, nachdem andere
Kunstgriffe fruchtlos versucht waren, Frankreich würde mit dem ihm
verbündeten England und Flandern sich vom Gehorsam Urbans II. los=
sagen und den von Heinrich IV. aufgestellten Gegenpapst anerkennen.
Dieser Schreckschuß machte eben so wenig Eindruck auf einen Mann, wie
Urban II., als die Synode von Rheims, welche Philipp für seine Sache
gewann. Der Legat des Papstes, Erzbischof Hugo von Lyon, verhängte
auf der Synode von Autun 1094 den Bann über Philipp. Da Philipp
sein in Nimes dem Papst gegebenes Wort, die Bertrada zu entfernen,

---

[1] Hefele, Conciliengesch. V. 191. Alzog, Universalgesch. § 215. Damberger
VII. 140 ff.
[2] Ep. 15. 20.
[3] Harduin, Acta Concil. VI. 1672.

nicht löste, wurde auf der Synode von Poitiers diese Strafe erneuert.
Die Sache lief jedoch nicht ruhig ab. Graf Wilhelm von Poitiers
hatte vom König den Auftrag erhalten, den Spruch zu hindern. Er
war hierzu um so eher geneigt, weil er wegen ähnlicher Schuld die
gleiche Strafe fürchten mußte. Als seine Bitten jedoch nicht durchdrangen,
da entfernte er sich drohend mit den Seinigen. Schon wollte man das
Concil schließen und stimmte den hierbei üblichen Lobgesang an, als
Einer aus dem Volke einen Stein von oben herab auf die Cardinäle
warf. Er traf diese nicht, schmetterte aber einen in der Nähe stehen=
den Geistlichen zu Boden. Die Kirche wurde nun von wirrem Lärm
erfüllt. Doch die Säulen Christi blieben, wie ein alter Chronist er=
zählt [1], unerschüttert, auf den Tod gefaßt. Sie ließen nicht ab vom
Lobe Gottes und entblößten bei dem Geschwirr der Steine ihr Haupt,
um durch ihr Blut den gefällten Spruch, wenn es Noth thäte, zu be=
siegeln. Dieser Starkmuth machte Eindruck auf das Volk, der Lärm
legte sich, Viele bereuten, was geschehen. Dem Könige wurde die Ab=
solution vom Bann erst ertheilt, als er eidlich versprach, den Verkehr
mit Bertrada aufzugeben.

57. Ueber solche Bannflüche gegen Könige ist viel gelärmt worden;
doch mit Unrecht. Ihnen liegt der Grundsatz der christlichen Gleichheit
zu Grunde, die Wahrheit, daß vor Gott und seinem Gesetze kein An=
sehen der Person herrsche, daß auch den Fürsten keine irdische Macht,
keine Gewalt über jene Verpflichtungen erhebe, die, je höher in ihrem
Ursprung, um so unantastbarer für Sterbliche sind, so daß die Kirche
unnachsichtig deren Erfüllung von allen ihren Kindern, Königen und
Bettlern, fordern muß. Die Ausführung dieser Grundsätze hat das
Papstthum so populär gemacht, ihm einen so großen Halt in den Herzen
der Völker gegeben. Man war überzeugt, in den heiligsten Angelegenhei=
ten des Herzens, in den Sachen der Religion, einen Anwalt zu haben,
der auch das Recht des unglücklichen Weibes den mächtigsten Großen
der Erde gegenüber vertheidige. Diesen Schutz gewährten die Päpste
besonders gegen die Willkür, welche das von Gott so unverletzlich hin=
gestellte Eheband zerreißen wollte. Ihrer unerbittlichen Festigkeit ist es
zuzuschreiben, daß Europas Kraft nicht in den Wollüsten des Morgen=
landes erlahmte. Was hätte uns auch vor asiatischer Serailswirthschaft
und deren unseligen Folgen geschützt, wenn die Päpste, ebenso nachsichtig

---

[1] Hugo Flaviacensis, chronicon ad 1100 bei Harduin l. c. p. 1857.

als ihre Gegner, einfachen Landgrafen, Herren einiger Geviertmeilen, Doppelehen gestattet hätten?

58. Wie kräftig das Papstthum die von der Leidenschaft zertretene Unschuld vertheidigte, zeigt vorzüglich die Ehescheidung des Königs Philipp August von Frankreich [1]. Er hatte gegen seine zweite Gemahlin, Ingeburge, gleich nach der Trauung einen unerklärlichen Widerwillen gefaßt, obschon sie von ausgezeichneter Schönheit, edlen Sinnes, bescheidenen Wesens, fromm und sittig war. Der Fürst suchte nun sofort (1193) die eheliche Verbindung unter dem Vorwande aufzulösen, sie sei wegen Verwandtschaft ungültig. Er berief darum eine Versammlung, welche, da von Höflingen die Wahrheit des angeblichen Ehehindernisses mit furchtbaren Eiden betheuert wurde, die Nichtigkeit der Ehe aussprach. Ingeburge war zugegen, konnte aber aus Unkunde der französischen Sprache sich nicht vertheidigen. Als ihr aber ein Dolmetscher das gefällte Urtheil mittheilte, rief sie weinend und klagend aus: Mala Francia, mala Francia! Roma, Roma! Böses Frankreich, böses Frankreich! Rom, Rom! Sie täuschte sich nicht; Rom nahm sich ihrer an. Der Papst Cölestin vernichtete, „wie es dem gemeinsamen Vater aller Christen und dem Wächter göttlicher Ordnung auf Erden gebühre, in Kraft päpstlicher Machtvollkommenheit und in Zustimmung seiner Brüder den übereilten, rechtswidrigen, gegen eine der Sprache Unkundige und Vertheidigungslose gefällten Urtheilsspruch, deren Urheber nicht geachtet hätten, welch' ein Sacrament die Ehe sei." Das war nur der Anfang der Wirren, denn die Leidenschaft war nicht so bald besiegt: aber auch die Päpste ließen nicht ab, dawider die Heiligkeit des Ehebundes zu vertheidigen. Ingeburge wurde in ein Kloster verstoßen, und da der König ihr nicht den nothdürftigsten Unterhalt reichte, mußte sie ihre Kleider verkaufen und selbst Almosen annehmen, um ein Leben zu fristen, welches der König durch neue Schmach verbitterte. Philipp ging nämlich eine neue Ehe ein; mehrere Fürstentöchter hatten freilich die Hand eines Herrschers ausgeschlagen, der in Ingeburge die Ehre ihres Geschlechtes so schnöde verhöhnt hatte. Endlich ließ sich jedoch Agnes von Meranien finden, welche die königliche Krone ihrem Rufe und ihrem Gewissen vorzog (1196).

59. Unterdessen war Cölestin gestorben; ihm folgte Innocenz III. Wie er gesinnt war, zeigen folgende Worte an den Bischof von Paris:

---

[1] Die ganze folgende Darstellung ist nach Hurter, Innocenz III.

Wer dem Gebote, womit Gott den Ehestand eingesetzt hat, zuwider=
handelt, weicht aus Gottes Gnade, verschmäht das Wohlwollen der
Kirche. Der Bischof soll hierin mehr den himmlischen als den irdischen
König vor Augen haben und ohne Ansehen der Person nach Recht ent=
scheiden. In gleicher Weise schrieb er seinem Legaten: „Wenn der
König uns hintergehen zu können meint, so nehme er sich wohl in Acht,
daß er nicht sich selbst hintergehe. Wir setzen, wenn es sein soll, Unser
Blut an Wahrheit und Recht und wollen mit Gottes Hülfe hier nichts
durch Täuschung oder zum Scherz beginnen." Diese Worte gingen zur
That über; als alle andern Mittel vergebens waren, ließ der Papst das
Interdikt über ganz Frankreich (im Jahr 1200) verhängen, in der
Hoffnung, es werde Mitleid über den Zustand des Volkes den Sinn
des Königs mildern und die allgemeine Sehnsucht nach den vorenthalte=
nen höhern Gütern das bewirken, wozu Waffengewalt ihn nie hätte zwin=
gen können. Es war freilich ein äußerstes Mittel, den Gottesdienst,
die Ausspendung der nicht durchaus nothwendigen Sacramente in einem
Lande zu verbieten; aber war es in jenen Zeiten des lebendigen Glau=
bens ein Irrthum, wenn man, an das Edlere im Menschen sich haltend,
meinte, bei dem Klagen der Greise, dem Jammern der Eltern, dem
Trauern des Landes, dem Seufzen eines ganzen Volkes möchte auch
des Königs Herz nicht unempfindlich bleiben und erreicht werden, was
den Bitten, Mahnungen, Drohungen des allgemeinen Vaters der Chri=
stenheit unmöglich geblieben? Diese Ansicht gründete sich auf die Vor=
aussetzung, daß auch in der Könige Brust ein für das Wohl des Vol=
kes besorgtes Christenherz schlage.

60. Der König gerieth in Wuth; aber da der gesammte Klerus dem
Papste Gehorsam leistete, da die Großen des Reiches, ungerührt durch
den Kummer und die Thränen der Agnes, den König beschworen, dem
hl. Vater zu folgen, gab er nach. Dennoch war die wiederholte Aus=
söhnung mit Ingeburge nur zum Schein. Sogar nach dem Tode der
Agnes betrieb er die Ehescheidung. Er hatte Ingeburge durch Chicanen
aller Art zu der Erklärung gezwungen, daß sie in's Kloster gehen wolle;
aber den Papst konnte er nicht beugen. Erst im Jahre 1213 söhnte
sich der König zur großen Freude des Volkes mit Ingeburge aus. Der
Kampf, den die Päpste zur Aufrechthaltung der Ehe geführt, hatte gegen
20 Jahre gedauert.

Solche Anstrengungen machte die menschliche Leidenschaft, um die
unauflösliche Fessel zu zersprengen, wodurch Gott sie in der Ehe ge=

4 *

kettet, und solche Festigkeit mußte der höchste, von Gott bestellte Hüter
der sittlichen Ordnung zeigen, um diese verzweifelten Angriffe gegen das
Fundament der menschlichen Gesellschaft zurückzuweisen. Nur mit Knir=
schen trug die Leidenschaft das beschwerliche Joch. Als Philipp August
sah, daß er nichts gegen die Festigkeit Innocenz' III. vermochte, rief er
in einem Ausbruch von Wuth: „Ich will ein Ungläubiger werden; wie
glücklich war doch Saladin! er hatte keinen Papst." Wir dürfen uns
darum nicht wundern, daß der Mensch sogleich das lästige Joch der kirch=
lichen Ehegesetzgebung abwarf, als er die päpstliche Machtfülle nicht
mehr anerkennen wollte. Das 16. Jahrhundert liefert uns hiefür einen
schlagenden Beweis.

61. Der wollüstige König Heinrich VIII. von England war mit
Katharina, einer spanischen Prinzessin und Wittwe seines verstorbenen
Bruders Arthur, schon viele Jahre getraut [1]. Da gefiel sie ihm nicht
mehr, und er gedachte das lästige Joch abzuschütteln. Zu seinem Un=
glück hatte er einen schlechten Rathgeber bei sich, den Cardinal Wolsey,
welcher solche Gedanken in ihm nährte, um durch die Vermählung des
Königs mit einer französischen Prinzessin ein festes Bündniß mit Frank=
reich zu Stande zu bringen. Als Vorwand der Trennung wurde ge=
nommen: die Ehe mit der Frau des Bruders sei in der hl. Schrift un=
tersagt, dieses Verbot somit göttlichen Rechtes und darum, sowie wegen
Formfehler, sei die von Papst Julius II. zur Eingehung der Ehe Hein=
richs mit Katharina ertheilte Dispens ungültig. Heinrich fürchtete nichts
mehr, als daß die Sache in Rom verhandelt werde, denn er sah dann
den Ausgang voraus; er wünschte also, die gerichtliche Entscheidung des
Eheprozesses möchte endgültig in England durch Bevollmächtigte des
Papstes geschehen. Der Papst Clemens VII., der damals (1527) durch
den kaiserlichen Feldherrn Karl von Bourbon in die größte Bedrängniß
gebracht war, gestand ihm dieses zu, gab dem Cardinal Campeggio den
Auftrag, im Verein mit Wolsey die Sache zu untersuchen, beugte aber
dem Mißbrauch der großen den Gesandten gegebenen Vollmacht dadurch
vor, daß er dem Cardinal das Versprechen abnahm [2], vor der Ent=
scheidung zuerst ihm nach Rom über den Stand der Angelegenheit zu
berichten. Außerdem befahl er ihm, durch Zögern die Sache in die
Länge zu ziehen; denn er hoffte, daß sich die Leidenschaft des Königs

---

[1] Lingard, Geschichte Englands c. 8.
[2] Lämmer, Monumenta Vatic. p. 31.

zu Anna Boleyn abkühlen oder auch ein anderes Ereigniß eintreten werde, das den Papst der Nothwendigkeit enthebe, den um die Kirche so hoch verdienten und ihm so treu ergebenen Heinrich VIII. durch eine abschlägige Antwort zu erbittern und ihn vielleicht so zu den äußersten Maßregeln zu treiben. Die Hoffnung des Papstes ging nicht in Erfüllung. Auch konnte die Sache in England nicht zum Austrag kommen; denn die Königin, die sich lieber in Stücke zerhauen lassen, als von ihrem Rechte abstehen [1] wollte, recusirte die beiden Cardinäle als vom Könige abhängige Richter und appellirte an den Papst. Es stand ihr hierin der greise Bischof von Rochester bei, derselbe, welcher später wegen seiner Treue gegen die katholische Kirche hingerichtet wurde. Campeggio weigerte sich, das Urtheil zu sprechen, und als man herrisch in ihn drang, entgegnete er, Recht zu sprechen sei er gekommen, und keine Rücksicht solle ihn davon abhalten. Er sei zu alt, zu hinfällig, zu kränklich, um noch eine Gunst zu hoffen oder eine Drohung zu fürchten.

62. Auch Clemens VII. konnte nicht bewogen werden, den Gang des einmal begonnenen Rechtsverfahrens zu verlassen. Die Gesandten Heinrichs drangen bis zum Krankenlager des Papstes vor, warfen ihm Undankbarkeit, Gleichgültigkeit gegen die Interessen der Kirche vor und ließen kein Mittel unversucht, um einen günstigen Entscheid von ihm zu ertrotzen; aber Clemens erwiederte auf alle Vorstellungen, er könne der Königin nicht verweigern, was die gewöhnlichen Formen der Gerechtigkeitspflege erheischten; er sei dem Könige ergeben und wolle ihm alle billigen Dienste erweisen, aber man solle nichts Ungerechtes von ihm verlangen; wo sein Gewissen könne verletzt werden, sei er unempfindlich gegen Interessen und Gefahren.

Heinrich gab indessen seine Sache nicht auf; er erkaufte mit ungeheuren Kosten Gutachten von Universitäten und legte sie dem Papste vor; auch das machte keinen Eindruck auf Clemens. Ebenso wenig half es, daß viele Mitglieder des englischen Parlaments demselben eine eindringliche Vorstellung machten. Clemens antwortete mit Würde und Festigkeit. Diese Unbeugsamkeit schien die Leidenschaft des Königs zu brechen; er fing an zu schwanken; da gesellte sich Cromwell zu ihm und zeigte ihm im Abfall von der Kirche ein leichtes Mittel, zum Ziele seiner Wünsche zu kommen. Das wirkte. Der Papst hatte den Ehehandel seinem Urtheil vorbehalten. So mußte der Prozeß an der römischen

---

[1] Lämmer l. c. p. 28.

Curie verhandelt werden. Heinrich VIII. sah den Ausgang voraus; noch bevor die letzte Entscheidung (vom 23. März 1534) von Rom aus in England bekannt werden konnte, hatte er mit der Kirche vollständig gebrochen und so die Drohung ausgeführt, womit er früher schon den päpstlichen Gesandten hatte einschüchtern lassen. Der Papst hatte sich diesen unheilvollen Bruch nicht vorzuwerfen, er hatte alle Regeln der Klugheit beobachtet; der Grundsatz der Unauflösbarkeit war gerettet; der Preis, ein ganzes Königreich, er war theuer, aber eher ist Alles zu verlieren, als eine Glaubenswahrheit aufzuopfern[1].

63. Wir sind jetzt zu einer Zeit gekommen, wo die Unauflösbarkeit der Ehe im Prinzip angefeindet wurde. Die Urheber des Protestantismus

---

[1] Man hat dem Papste nicht nur Uebereilung, sondern auch eine große Schwäche vorgeworfen: er habe dem Cardinal auf Verlangen des Königs eine Decretalbulle mitgegeben, die derselbe möglichst geheimhalten und nur dem Könige und dem Cardinal Wolsey vorlesen sollte. Darin habe Clemens VII. erklärt, die Ehe mit der Frau des Bruders sei nach göttlichem Recht null und nichtig und könne darum auch nicht durch päpstliche Dispens gestattet werden. Schon Pallavicini hat diese Fabel widerlegt, neuerdings ist sie aber von Lingard wieder vorgebracht und auf dessen Ansehen hin auch in katholischen Schriften Deutschlands behauptet worden. Lingard gibt keine neuen Beweise, sondern beruft sich auf einige anglikanische Autoren, welche sich parteiisch gegen das Papstthum zeigen und darum keine vollgültigen Zeugen sind. Ohnehin ist die Sache ganz unwahrscheinlich, da der sonst bedächtige Papst sich in die schreiendsten Widersprüche mit sich selbst, mit seinem Vorgänger und mit dem Cardinalscollegium verwickelt hätte. Zudem soll Niemanden die Bulle vorgelesen sein, als Heinrich VIII. und höchstens noch dem Günstling desselben, Wolsey. Darum führt auch Lingard den Inhalt der Bulle mit den Worten an: wenn man dem Könige glaubt. Nun ja, wer dazu Lust hat, dem Könige Alles zu glauben, was er und seine feilen Creaturen zur Rechtfertigung seiner Ehescandale vorgebracht haben, der mag es thun; vernünftig ist das nicht. — Aber auch in der Correspondenz soll in unzweifelhafter Weise von der Bulle die Rede sein. Lingard theilt nicht mit, welche Correspondenz er meine. Das Gegentheil beweisen die Briefe des Cardinals Campeggio, welche Lämmer vor einigen Jahren aus dem geheimen Archiv des Vatikans veröffentlicht hat. Campeggio theilt dort (s. S. 25 ff.) ausführlich mit, worüber in den geheimen Audienzen mit dem Könige die Rede gewesen sei; aber von der genannten Decretalbulle ist nicht die Rede. Wohl erzählt er, daß er dem Könige die Bulla commissionis vorgelesen habe; doch dies ist offenbar die Bulle, in der Clemens ihn zum päpstlichen Bevollmächtigten in dem Eheprozeß des Königs ernannt. Es geht aus den Briefen zugleich hervor, daß der Papst zur Beruhigung des Gewissens Heinrichs VIII. diesem die Erneuerung der von Julius gewährten Dispens (also das gerade Gegentheil der Decretalbulle) angeboten habe. Jedenfalls ist sicher, daß Heinrich VIII., so lange er in der katholischen Kirche blieb, seine Ehescheidung nicht durchsetzen konnte und nie abgefallen wäre, hätte Rom in dieser Beziehung größere Nachsicht mit ihm geübt.

stellten die Lehre auf, in gewissen Fällen sei Scheidung der Ehe und Wiederverheirathung erlaubt. Hierbei blieb man nicht stehen; die Predigt gefiel und wurde alsbald in einer Weise ausgeübt, die selbst Protestanten die bittersten Klagen abnöthigte. Diesem gegenüber war eine feierliche Erklärung der katholischen Kirche über die Unauflösbarkeit der Ehe nothwendig. Sie wurde auf dem Concil von Trient gegeben. Die Kirche verwarf damals noch andere Irrthümer in Betreff der Ehe. Bevor wir jedoch hierauf eingehen, müssen wir noch auf einige Thatsachen der neuern Zeit aufmerksam machen, welche die große Sorgfalt der Päpste für die Unauflösbarkeit der Ehe beweisen.

Sigismund II. von Polen hatte keine Erben aus der Ehe mit Barbara Radziwil; er wollte sich darum von ihr scheiden. Schon früher hatte der Reichstag diese Ehe für null und nichtig erklärt, weil sie gegen die Gesetze des Landes geschlossen sei. Den Polen mißfiel die Verbindung deßhalb so sehr, weil die Königin den Protestantismus begünstigte. Was that nun der Papst Pius V., als er von dem Wunsche des Königs hörte? Der Heilige warnte diesen (1570) in der strengsten Weise vor der Ehescheidung [1]: „Die Sache ist der Art, daß Du dadurch unsern Heiland auf das Schwerste beleidigen würdest, indem Du sein hl. Sacrament entweihtest. Auch uns würdest Du großes Unrecht zufügen, allen Christen Aergerniß geben, endlich Deinen königlichen Namen und den königlichen Glanz Deines erlauchten Hauses, der bis auf den heutigen Tag unversehrt blieb und hell leuchtete, durch einen so unsittlichen und schmachvollen Schandfleck besudeln.“ Diese kräftige Sprache wirkte, die Lösung des Ehebandes unterblieb.

64. Gleiche Festigkeit zeigte Urban VIII. [2], als er wegen einer ähnlichen Veranlassung dem Ansinnen Ludwigs XIII. von Frankreich entgegentreten mußte. Der Prinz Gaston von Orleans hatte sich 1631 gegen den Willen des Königs und die Hausgesetze mit Margaretha von Lothringen vermählt. Das Parlament und die Universität von Paris, ja auch die Versammlung des Klerus von Frankreich erklärten darum die Ehe für null und nichtig. Urban VIII. erwiederte aber, die Ehe sei giltig, weil alle von der Kirche vorgeschriebenen Bedingungen erfüllt seien; die besondern Gesetze Frankreichs aber könnten keinen Einfluß auf

[1] Avogadro, Teorica del matrim. IV. 7.
[2] Avogadro l. c. p. 15. Heuser, de potestate staduendi imp. dir. soli Eccl. propria p. 4.

ein Sacrament haben, das einzig abhange von der Einsetzung Jesu Christi und den Gesetzen der Kirche. Da der Papst hierbei verharrte, gab endlich auch Ludwig XIII. auf dem Todesbette seine Einwilligung zur Ehe. Aber es war nicht genug, daß der Papst sich der Nichtigkeitserklärung der Ehe um ungesetzlicher Ehehindernisse willen widersetzte; er mußte auch bedacht sein, daß durch eine leichtfertige Anwendung der wahren Grundsätze nicht der Leidenschaft Thür und Thor geöffnet werde. Das Dogma der Unauflösbarkeit der Ehe steht bei den Katholiken zu fest, als daß sie dagegen etwas wagen könnten. Aber die Leidenschaft ist erfinderisch; sie hat Alles in Bewegung gesetzt, um durch die Gerichte gültige Ehen unter dem Vorwande kirchlicher Ehehindernisse als null und nichtig zu erklären. Daß hierin von katholischer Seite manchmal mit zu großer Leichtfertigkeit vorgegangen ist, wird Niemand läugnen. Die Entscheidung solcher Eheprozesse hängt nicht nur von der Nichtigkeit der Grundsätze, sondern häufig auch von der Wahrheit der Thatsachen ab, die man auf Treue und Glauben nach den Eidschwüren der Zeugen annehmen muß. Zu diesem leichtfertigen Vorgehen mancher Ehegerichte trug ohne Zweifel der Umstand bei, daß die protestantische Lehre von der Ehescheidung in gemischten Gegenden der Festigkeit des ehelichen Bandes in der öffentlichen Sitte den empfindlichsten Schaden zufügte. Aber die Kirche hat den Leichtsinn solcher Ehegerichte nie gebilligt, und besonders war es Benedict XIV., der auf das Kräftigste diesen Mißbräuchen entgegentrat und durch die Anordnung eines mit vielen Förmlichkeiten umgebenen Prozeßverfahrens alles unbedachtsame Vorgehen abschnitt [1]. Da aber die genannten Mißbräuche besonders in Polen vorkamen, mahnte er wiederholt und in der nachdrücklichsten Weise die Bischöfe dieses Landes an ihre Pflicht.

65. Von demselben Geiste war Pius VII. [2] beseelt. Napoleon I. machte mehrere Versuche, um die Nichtigkeitserklärung der Ehe des Prinzen Hieronymus (nachmaligen Königs von Westfalen) mit der Amerikanerin Patterson vom Papste zu erlangen. Er ließ sich mehrere Gutachten über die Ungültigkeit der Ehe (auch eines von Cardinal Caselli) verfertigen. Er machte geltend, die Patterson sei Protestantin und könnte den noch minderjährigen Prinzen verführen. Es wäre ihm leicht, die Nichtigkeitserklärung der Ehe in Paris zu erhalten, da nach den Grundsätzen der

---

[1] Cf. Bulla „Dei miseratione" vom 3. Nov. 1741.
[2] Avogadro l. c. p. 319 sqq. 500.

gallicanischen Kirche solche Ehen ungültig seien; doch wünsche er lieber, daß dieselbe von Rom aus geschehe, schon um des Beispiels willen für die Mitglieder der Fürstenhäuser, welche Ehen mit Protestanten eingingen. Der fromme Monarch, der nichtsdestoweniger zwei Jahre darauf seinen Bruder mit einer protestantischen Prinzessin verheirathet! Doch ein Papst läßt sich durch solche Winkelzüge nicht täuschen. Pius VII. schrieb ihm (1805) zurück, daß er nicht im Stande sei, dem Wunsche des Kaisers nachzukommen. Die beigebrachten Gutachten widersprächen sich und höben sich einander auf. Nachdem Pius VII. dieses weitläufig gezeigt hat, setzt er hinzu: „Wir können uns von den Satzungen der Kirche nicht durch die Nichtigkeitserklärung einer Ehe entfernen, welche keine menschliche Macht nach dem Worte Gottes lösen kann. Wenn wir uns solch' eine Gewalt anmaßten, welche wir nicht haben, so würden wir uns des schändlichsten Mißbrauches unseres heiligen Amtes vor dem Richterstuhle Gottes und der ganzen Kirche schuldig machen, und Ew. Majestät würde ohne Zweifel in Ihrer Gerechtigkeit nicht wollen, daß wir ein Urtheil entgegen der Ueberzeugung unseres Gewissens und den unveränderlichen Grundsätzen der Kirche erließen." Eine solche feste Sprache mußte Napoleon verdrießen; er hatte gerade in einer Schlacht (bei Austerlitz) die Macht zweier Kaiser niedergeworfen; bitter beklagte er sich über die abschlägige Antwort. Pius VII. schrieb ihm höflich zurück: Das göttliche Gesetz, von dem die Unauflösbarkeit der Ehe herrühre, nehme ihm die Macht, dem Wunsche des Kaisers zu entsprechen, da er nicht Herr, sondern nur Executor dieses Gesetzes sei. Napoleon kam bald darauf in einen ähnlichen Fall, wie sein Bruder. Er wagte aber nicht, die Nichtigkeitserklärung seiner Ehe vom Papste zu begehren. Dieser war übrigens damals schon im Kerker und hatte den Bann über ihn, theilweise wegen seiner Gesetze über die Ehe, gesprochen. Man sieht, es ist immer dieselbe Sprache, welche die Päpste führen, und Pius IX. tritt ganz in die Fußstapfen seiner glorreichen Vorfahren, wenn er der Welt, die heutzutage es so leichtsinnig mit der Ehescheidung nimmt, die Worte zuruft: Es ist ein Irrthum, daß die Ehe nicht vermöge des Naturrechtes unauflösbar ist. (Syllabus Nr. 67.)

66. Bevor wir weiter gehen, ziehen wir aus dieser Erörterung einige Schlüsse. Sie hat gezeigt, daß die Kirche im Kampfe mit unsäglichen Schwierigkeiten die Lehre der Unauflösbarkeit der Ehe zur Anerkennung gebracht und während 18 Jahrhunderten unversehrt, wie sie dieselbe von ihrem göttlichen Meister empfangen, bewahrt hat. Welch' glänzender

Beweis ihrer Heiligkeit! Denn auch die Gegner der Kirche müssen eingestehen, die Unauflöslichkeit entspreche mehr der Idee, dem Zwecke, der Vollkommenheit der Ehe.

Wir haben uns hiefür früher auf protestantische Theologen berufen; führen wir jetzt einige namhaften protestantischen Philosophen und liberal= gesinnten Rechtslehrer an. Trendelenburg behauptet [1], die Ehe sei ihrem Wesen nach darauf angelegt, unlöslich zu sein. Warnkönig [2] spricht sich gleicherweise entschieden · für die Lebenslänglichkeit der Ehen aus. Klar ist auch der Ausspruch Stahl's [3]: Nach ihrer Bestimmung als vollstän= dige persönliche Einigung der Ehegatten ist die Ehe unauflöslich. Hegel sagt mit dürren Worten, die Ehe soll unauflöslich sein. Ahrens [4] erkennt das Princip der Unauflösbarkeit als das anzustrebende Ideal an. Nach W. von Humboldt [5] ist sie der Bevölkerung am zuträglichsten, entspricht sie einzig und unläugbar der natürlichen Liebe. Selbst Bentham, welcher durch seine Grundsätze das gesammte Naturgesetz antastet, muß gestehen [6]: „Die fortdauernde Ehe ist die natürlichste, den Bedürfnissen und Ver= hältnissen der Familien angemessenste, zudem die vortheilhafteste für die Individuen und im Allgemeinen für das menschliche Geschlecht." Nun, die Kirche hat dieses Ideal verwirklicht und das viele Jahrhunderte hindurch unter Millionen von Menschen im Kampfe mit den gewaltigsten Gegnern, die das Eheband fort und fort zu zerreißen suchten. Die sich aber von der Kirche getrennt, vermochten nicht dasselbe festzuhalten, sie haben es zerstört und damit den Samen zu immer fortwucherndem, die Familie untergrabendem Unheil ausgestreut. Die Kirche hat diesen Ruhm nach Gott besonders dem Papsthum zu verdanken, das mit eiser= ner Festigkeit die von Gott gegründete Ordnung der Ehe bewahrt hat, und wenn wir bedenken, welch' riesenmäßige Anstrengungen die Päpste deßhalb gemacht, welche Ausdauer sie gezeigt, wie sie die entgegenstehen= den eingewurzelten Gewohnheiten aus dem öffentlichen Leben getilgt, allem Verderbniß, aller Leidenschaft, aller Willkür Trotz geboten, den Widerstand der mächtigsten Fürsten besiegt, ganze Reiche für dieses Prin= zip dahingegeben haben — dann werden wir nicht genug die erhabene

---

[1] Naturrecht S. 249.
[2] Rechtsphilosophie § 146, bei Walter, Naturrecht S. 135.
[3] Philosophie des Rechts. Dritte Auflage. II. 457.
[4] Rechtsphilosophie. Vierte Aufl. S. 589.
[5] Die Grenzen der Wirksamkeit des Staates. S. 29.
[6] Oeuvres III. 116.

Größe der Päpste bewundern können und Gott danken, daß er diesen Felsen mitten in das Meer der Zeit hingestellt hat, an dem sich die schrecklichsten Stürme, die schäumenden Wogen brechen müssen, wir aber einen sichern, festen Grund haben, von dem aus wir ruhig auf die empörten Elemente schauen können [1].

67. So unbeugsam nun die Päpste für die von Gott der menschlichen Willkür gesetzten Schranken kämpften, so eifrig schützten sie mit ihrer Macht die persönliche Freiheit bei der Eingehung der Ehe. Das weltliche Gesetz erklärte die Ehen für ungültig, welche die Sklaven wider Willen der Herren schlössen. Das Gegentheil entschied die Kirche, nachdem sie längere Zeit diese Bestimmung der weltlichen Gesetzgebung geduldet hatte. Gemäß dem Apostel, so urtheilte Papst Hadrianus II. (790) [2], sei in Christus weder Freier, noch Sklave, der von dem Sacramente zurückzuhalten sei; darum dürften auf keine Weise die Ehen zwischen Sklaven verhindert, noch wenn sie wider Willen der Herren eingegangen würden, wegen deren Einsprache aufgelöst werden. Wie hier der Papst zur Begründung seiner Ansicht auf die wesentliche Gleichheit aller Menschen in Christus, d. h. in der übernatürlichen Ordnung, sich beruft, so beweist der größte Philosoph und Theolog des Mittelalters [3] dasselbe aus der wesentlichen natürlichen Gleichheit. In den natürlichen Beziehungen, sagt er, sind Alle gleich. Wie der Sklave nicht so sehr dem Herrn unterworfen ist, daß er nicht mehr frei essen, schlafen und anderes Derartiges thun dürfte, ohne das die Natur nicht erhalten werden kann; so ist er demselben auch nicht darin unterworfen, daß er nicht mehr frei heirathen könnte, mag der Herr auch nichts davon wissen oder gar widersprechen.

Einen ähnlichen Grund gibt das vom hl. Turibio 1582 in Lima gehaltene Provinzialconcil in seinem 36. Canon an, durch welchen es

---

[1] Wie erbärmlich im Vergleich mit diesem glorreichen Kampfe der Päpste erscheint nicht das Gebahren zweier Wiener Studenten, welche gegen die letzte Entscheidung derselben öffentlich den von Pius IX. verworfenen Satz vertheidigten!

[2] C. 1. X. de conjug. serv. (4, 9). Cf. Bened. XIV. de syn. l. 9. c. 11. In dieser Frage ist wohl zu beachten, daß die Kirche nicht auf einmal das öffentliche Recht umstoßen wollte, welches Eltern und Herren die größte Gewalt auch über die persönlichen Verhältnisse ihrer Untergebenen zusprach. So lassen sich mehrere Bestimmungen erklären, die nach heutigen Begriffen die persönliche Freiheit zu verletzen scheinen. Nach und nach durchdrang aber die Kirche mit ihrem Geiste das ganze öffentliche Leben.

[3] S. Thom. suppl. summae q. 52. a. 2.

verbietet, die Ehen der Sklaven zu verhindern. „Das natürliche Ge=
setz (Recht) der Ehe darf nicht durch das menschliche Gesetz der Skla=
verei aufgehoben werden." Noch weiter geht das Provinzialconcil von
Mejiko (1585), da es mit Berufung auf die Synode von Trient das
gleiche Verbot durch die strengsten kirchlichen Strafen bekräftigt. „(Das
Concil) setzt fest und besiehlt, daß kein Spanier einen Indianer oder
Sklaven zur Heirath zwinge, oder sie daran durch Gewalt hin=
dere, unter Strafe des Bannes" [1]. Den Indianer=Häuptlingen
wird gar mit Gefängniß gedroht, wenn sie solches gegen ihre Unterge=
benen wagten.

Auch diese Bemühung der Kirche für die Freiheit und Gültigkeit
der Sklavenehen betrifft die wahre christliche Gleichheit, welche, wie
wir oben gesehen, das Papstthum herzustellen suchte. Die eine Seite
derselben ist, daß Alle auf gleiche Weise, nicht nur die Bettler, son=
dern auch die mächtigsten Könige den christlichen Gesetzen unterthan
sind; die andere aber besteht darin, daß Alle auf gleiche Weise, nicht
nur die Fürsten, sondern auch die gemeinsten Sklaven an den wesent=
lichen, in der menschlichen Natur und der christlichen Religion begrün=
deten Rechten theilnehmen sollen. Daß die Kirche diese wesentliche
Gleichheit, die Niemanden seines Rechtes beraubt werden läßt, beschützt,
war tief im Bewußtsein der Völker gegründet; darum übertrugen sie
von selbst der Kirche den Schutz der Unglücklichen (der Wittwen, Wai=
sen, Gefangenen u. s. w.). Ein Ausfluß dieses Schutzes war es nun
auch, daß das Papstthum auf das Kräftigste das Recht der Sklaven auf
die Ehe beschützte. Uebrigens begann es diese Thätigkeit schon in den
ersten Jahrhunderten. Calirt I. († 223) erklärte die nach römischem
Rechte nichtigen Ehen der Sklaven mit Freien für gültig [2].

68. In ähnlicher Weise verfuhr die Kirche in Betreff der Ehen,
welche Minderjährige wider den Willen der Eltern abschlossen. Sie hat
freilich auch in diesem Punkte den Kindern auf das Strengste Gehorsam
gegen ihre Eltern geboten, die wider den vernünftigen Willen der Eltern
geschlossenen Ehen als unerlaubt verdammt, aber nichtsdestoweniger die
Gültigkeit solcher Ehen anerkannt. Denn die Ehe ist die persönlichste An=
gelegenheit eines Jeden; darum wird zu ihrer Eingehung nur die in ge=
höriger Weise geschehene Einwilligung zweier zur Ehe fähiger Contrahenten

[1] L. 4. tit. 1. §. 4. Aguirre, Coll. Conc. IV. 366.
[2] Döllinger, Hippolytus und Calirtus. S. 158 ff.

als wesentlich gefordert. Wie die Eltern in dieser Beziehung nicht den persönlichen Willen ersetzen können, so vermögen sie auch nicht durch ihren Widerspruch die Gültigkeit einer eingegangenen Ehe in Frage zu stellen. Diese persönliche Freiheit bei Eingehung der Ehe hat die Kirche aner= kannt und beschützt, und indem sie die Gültigkeit der genannten Ehen trotz der weltlichen Gesetzgebung aufrecht hielt, hat sie zugleich das per= sönliche Recht eines Jeden dem Staate gegenüber gewahrt. Ja, so wich= tig schien der Kirche dieses zu sein, daß sie auf dem Concil von Trient den Bann gegen die ausspricht, welche ein Mädchen zum ehelosen Ordens= leben zwingen, und gottlos das Unterfangen derer nennt, welche die natür= liche Freiheit bei Eingehung der Ehe beeinträchtigen. Wenngleich an dieser Stelle zunächst nur von solchen die Rede ist, welche Jemanden zur Hei= rath zwingen, so geht doch die Tragweite des gegen dieselben angeführten Grundes viel weiter; er trifft auch diejenigen, welche der natürlichen Freiheit durch Verhinderung der Ehen Abbruch thun. Denn diese Frei= heit wird nicht minder durch Verhinderung als durch Zwang verküm= mert, ja im ersten Falle sind noch unheilvollere Wirkungen, nämlich zahl= lose Sünden der Unsittlichkeit. Deßhalb wollte denn auch das Conci= lium von Trient durchaus nicht in die Forderung Frankreichs einwilligen und die gegen Willen der Eltern eingegangenen Ehen für ungültig erklären. Es wurde besonders in der Debatte darauf aufmerksam gemacht, daß aus einer so großen Beschränkung der natürlichen Freiheit der Ehe un= zählige Sünden der Unkeuschheit hervorgehen würden.

69. Diese natürliche Freiheit schützt Benedict XIV., wenn er sagt [1]: Die Ehe ist ein Institut der Natur und darf darum Niemanden ohne dessen eigene Schuld verweigert werden. Er will deßhalb, daß man Leute, die wegen Schwäche des Gedächtnisses die einfachsten Glaubens= wahrheiten nicht behalten könnten, darum doch nicht an der Ehe hindere. Gleichfalls auf den Schutz dieser natürlichen Freiheit zielt die wiederholte Erklärung Roms, eine nach den kirchlichen Gesetzen eingegangene Ehe sei gültig trotz aller entgegenstehenden bürgerlichen Ehehindernisse.

Das sind die Grundsätze der Kirche, und wenn man die Verderb= lichkeit der entgegengesetzten Principien erkennen will, so blicke man nur auf die Länder, wo sie im Schwange sind. Es gibt dort Gemein= den, wo die Zahl der unehelichen Kinder die der ehelichen übersteigt.

---

[1] De syn. dioec. VIII. c. 14. n. 6.

Stellt man die Eltern jener Kinder zur Rede, was antworten sie ge=
wöhnlich? Ach, wir wollten gerne heirathen, aber es ist uns wegen der
Gesetze nicht möglich.

Man sage nicht zur Rechtfertigung jener Gesetze, der Staat dürfe
doch der Uebervölkerung vorbeugen. Gewiß, aber nicht durch Kränkung
der wichtigsten natürlichen Rechte. Zudem verursachen die genannten
Gesetze gerade das, was sie verhindern wollen; sie schaffen ja bei der
steigenden Sittenverderbniß einen schrecklichen Pöbel von Bastarden ohne
Ehre, ohne Erziehung, ohne Mittel, der jetzt schon den Gemeinden zur
Last ist, in schweren Zeiten aber das Kreuz des Staates sein wird. Man
sieht hierbei auch, wo wahre Freiheit ist, ob bei jenem Liberalismus,
der die freiwillige, aus Liebe zu Gott gewählte Ehelosigkeit der Ordens=
leute haßt und beschränkt, oder bei der Kirche, die Niemanden daran
hindert, aber auch Keinem diese Pflicht auflegt, wenn er sich nicht frei=
willig dazu entschließt; ob bei jenem Liberalismus, der unbarmherzig
die ganze Klasse der Armen von der Ehe ausschließt, oder bei der
Kirche, die das Recht des ärmsten, elendesten Sklaven auf die
Ehe den Herren und den Staaten gegenüber gewahrt hat.

70. Die Kirche glaubte zwar um wichtiger Gründe willen theils zur
Festhaltung und näheren Erläuterung, theils nach Analogie der natur=
rechtlichen Bestimmungen Ehehindernisse aufstellen zu sollen. Doch hat
sie hiemit Niemanden die Möglichkeit zu heirathen benommen, es sei
denn, daß er durch freien Willensentschluß die Ehelosigkeit erwählt und
durch ein Gelübde diese Wahl besiegelt habe. Das ist aber im Grunde
keine Beeinträchtigung, sondern vielmehr eine Vervollkommnung der ge=
schöpflichen Freiheit; denn wie Gott seine Freiheit nicht dadurch verliert,
daß er seine einmal gefaßten Entschlüsse nicht mehr ändern kann, wie
dieß vielmehr eine Vollkommenheit seiner Freiheit ist; so nimmt auch der
Mensch an diesem göttlichen Vorzug Theil, wenn er durch das Sacra=
ment oder das Gelübde seinem freien Entschlusse zum ehelichen oder
ehelosen Leben gewissermassen das Siegel der göttlichen Unveränder=
lichkeit aufdrückt. Er wird hierdurch möglichst vor einer geschöpf=
lichen Unvollkommenheit, der Unbeständigkeit, geschützt, die nirgends
mehr schadet als in der Standeswahl. Die übrigen kirchlichen Hin=
dernisse heben durchaus nicht die Möglichkeit der Ehe auf; sollten sie
jedoch wegen besonderer Umstände die Aussicht auf eine anderweitige
Heirath nehmen, so ertheilt die Kirche bereitwillig Dispens, wie ein
flüchtiger Blick auf die von den Canonisten aufgestellten Dispens=

gründe [1] beweist. Besonders in Betreff der Armen zeigt sich die Kirche liebevoll. Davon zu schweigen, daß sie für dieselben eine eigene, nicht mit Kosten verknüpfte Form zu dispensiren eingeführt hat, stellt sie die Armuth der Braut als besondern Dispensgrund auf. Eben deßhalb hat sie auch die milden Stiftungen zur Ausstattung armer Mädchen so sehr begünstigt und in rein katholischen Staaten, wo Reformation und Revolution noch nicht Alles wegrasirt haben, besteht noch eine Masse solcher Fundationen. Besonders zeichnet sich darin Rom aus. Die zahlreichen Waisenhäuser und Bewahranstalten statten die Mädchen bei ihrer Entlassung mit einer Mitgift aus; außerdem sind hierfür mehrere Bruderschaften gegründet. Allein die Erzbruderschaft von der Verkündigung vertheilt jährlich an 400 Personen eine Mitgift, und zwar ist es der Papst selbst, der am 25. März in der Kirche sopra Minerva dieser Feierlichkeit vorsteht. Man sieht hieraus, welches der Geist der Kirche ist. Sie will nicht die Armen von der Ehe ausschließen, diesen Unglücklichen ihr Lebensglück verkümmern und Anlaß zur Immoralität geben, sondern ihnen so viel als möglich die Ehe ermöglichen. Man wende nicht ein, daß heutzutage manche Katholiken hierin anders denken. Diese haben solche Grundsätze nicht aus dem canonischen Recht entnommen; wie die Kirche denkt, hat sie auf dem Concil von Trient ausgesprochen: Maxime nefarium, matrimonii libertatem violare. (Sessio XXIV. de ref. c. 9.)

71. Wahre Freiheit ist indeß nur möglich in der Beobachtung der von Gott gesetzten natürlichen und übernatürlichen Ordnung. Der Mensch begriff das freilich nicht; ihn drückte nichts schwerer, als die Fesseln der göttlichen Ordnung; Jahrhunderte lang hatte er sie getragen, die Autorität der von Gott gesetzten Kirche anerkannt; im 16. Jahrhundert warf er das ihm so lästige Joch ab; die Befreiung galt natürlich vor Allem dem mächtigsten und unbändigsten der Naturtriebe. Geheiligte Bande hielten ihn gefesselt; das Gelübde für die Ehelosen, das Sacrament mit seiner Unauflöslichkeit für die Verheiratheten. Beides trug er fürder nicht mehr; denn er wollte eben frei sein von den Banden der übernatürlichen Ordnung. Die Ehe mußte also ihres sacramentalen Charakters entkleidet und der kirchlichen Gesetzgebung entzogen werden, die bisher unnachsichtig gegen die Ausbrüche der Leidenschaft gewesen war; mit andern Worten, die Ehe mußte säcularisirt werden. „Darum wisse", sagt Luther,

---

[1] Bangen, Instr. practica. II. 179 sq Kopp, Eherecht. II. 202.

„daß die Ehe ein äußerlich leiblich Ding ist, wie andere Hanthierung.“ „Ich wehre mich fest und rufe und schreie, man solle solche Sachen der weltlichen Obrigkeit lassen, — denn wir sollten ja Diener Christi sein, d. i. mit dem Evangelium und dem Gewissen umgehen. Es kann Niemand läugnen, daß die Ehe ein weltlich äußerlich Ding ist, wie Kleider und Speise, Haus und Hof, der Obrigkeit unterthan“ [1]. Ebenso behauptet Calvin, der Ehe als Anordnung Gottes komme ebenso wenig der Charakter eines Sacramentes zu, als dem Ackerbau und dem Handwerk eines Barbiers oder Schusters, welche gleichfalls Anordnungen Gottes seien [2]. Mit solchen Grundsätzen konnte man vorerst noch nicht völlig durchdringen, das hätte zu sehr gegen das religiöse Bewußtsein des Volkes verstoßen, welches in der Ehe ein religiös-sittliches Verhältniß zu sehen gewohnt war; doch zog man schon einige der wichtigsten Folgerungen. Von der Auflösbarkeit der Ehe ist schon die Rede gewesen; ebenso wichtig war es, daß der Protestantismus Gesetzgebung und Gerichtsbarkeit über Ehesachen, wenn nicht völlig, doch zum großen Theil dem Staate überwies. Manche gingen noch weiter, entwickelten die aufgestellten Grundsätze bis zu den äußersten Consequenzen. So mißbrauchten die Wiedertäufer die evangelische Freiheit zur Vielweiberei.

Von der andern Seite darf es uns nicht Wunder nehmen, daß man begierig jeden Anlaß hervorsuchte, um der Kirche Mangel an sittlicher Strenge vorzuwerfen und den Abfall von den kirchlichen Grundsätzen mit dem Deckmantel einer Sittenverbesserung zu beschönigen; hiezu mußte besonders die katholische Lehre herhalten, daß die Gültigkeit der Ehen der Kinder nicht von der Einwilligung ihrer Eltern abhängig sei und die Kirche in einigen im dritten Buche Moses erwähnten Ehehindernissen dispensiren könne, weil sie nicht zum Naturrecht gehörten.

72. All' diesen Irrthümern gegenüber stellte die Kirche auf dem Concil von Trient ihre Grundsätze in der bündigsten und deutlichsten Weise auf; sie lehrte (Sess. XXIV.), um auf das hierhin Gehörige aufmerksam zu machen, die Ehe sei wahrhaft und eigentlich eines der sieben Sacramente des neuen Bundes; die Kirche habe das Recht, trennende Ehehindernisse festzusetzen und habe im Festsetzen derselben nicht geirrt; man dürfe nicht sagen, daß sie in keinem der im dritten Buche

---

[1] Siehe über diese Stellen: (Volk) Der Cölibat. Regensburg 1841. S. 78. Phillips, Lehrbuch des Kirchenrechts. II. 949.
[2] Calvini Instit. Christ. l. IV. c. 19. n. 34.

Moses ausgedrückten Ehehindernisse zu dispensiren vermöchte; die Ehe= sachen gehörten der geistlichen Gerichtsbarkeit an.   Sie verwarf die Be= hauptung: daß die Cleriker, welche die heiligen Weihen empfangen, und die Ordensgeistlichen, welche ihre Gelübde abgelegt haben, des kirchlichen Gesetzes oder der Gelübde ungeachtet, noch eine gültige Ehe eingehen kön= nen.   Um der Unordnung der sogenannten geheimen Ehen (clandestina matrimonia) vorzubeugen, machte das Concil alle diejenigen, welche eine Ehe auf andere Weise als in Gegenwart ihres Pfarrers und zweier Zeugen abschließen, unfähig, auf diese Weise Ehen einzugehen und er= klärte die künftighin so eingegangenen für nichtig und ungültig.   Von der andern Seite verwarf das Concil die Meinung derer, welche be= haupten, daß die von Kindern ohne Einwilligung der Eltern abgeschlos= senen Ehen nichtig und ungültig seien, fügte jedoch hinzu, daß die Kirche dergleichen Ehen aus sehr gerechten Ursachen jederzeit verabscheut und verboten habe.

Diese Beschlüsse bleiben für immer die Grundlage des katholischen Eherechts.   Sie genügen auch vollkommen gegen das Grundübel der neuern Zeit, den Liberalismus, welcher, wie alles Andere, so auch die Ehe von der kirchlichen Autorität, von den Fesseln der übernatürlichen Ordnung befreien will.   Im 16. Jahrhundert hatte er sein Werk nur halb vollbracht, die französische Revolution wollte es vollenden.   Bevor wir aber hiervon sprechen, müssen wir eine Weile die Bestrebungen be= trachten, welche im Schooße der Kirche selbst sichtbar wurden, um diesen Liberalismus mit der kirchlichen Lehre durch Abschwächung und Ver= drehung der tridentinischen Beschlüsse zu versöhnen.   Diesen verwerflichen Bestrebungen leistete eine theologische Meinung mächtigen Vorschub, welche, gerade um die Zeit, wo das Tridentinum seine Canones über die Ehe erließ, der gelehrte Dominicaner Melchior Canus zuerst (im Jahr 1563) wissenschaftlich entwickelte und vertheidigte.   Sie ist jetzt in Betracht zu ziehen.

73.   Canus verließ die gemeinsame Lehre der Theologen und stellte die Behauptung auf, nicht die Eheleute, sondern der Priester sei Aus= spender des Ehesacramentes.   Diese Meinung hat auf den ersten Blick etwas für sich und scheint die Heiligkeit der Ehe mehr zu wahren, als die entgegengesetzte.   Solcher Anschein, sowie das gewaltige Ansehen, das Canus genoß, und die große Gelehrsamkeit, womit er seine Meinung zu stützen suchte, bestach viele ausgezeichneten Theologen, von Malbonat und Silvius an bis auf Vinterim und Roskovani.   Aber leider wurde diese

Meinung vielen Andern Anlaß zu den schlimmsten Folgerungen [1]. Wenn der Priester das Ehesacrament spendete, so wären seine Segensworte die Form des Sacramentes, mithin der hauptsächlichste Theil seines Wesens; je mehr nun aber der sacramentale Charakter in die Worte des Priesters gesetzt wurde, desto mehr mußte hieran der Ehevertrag selbst verlieren, mithin an seiner hl. Weihe einbüßen, bis man in unserer Zeit dahin kam, den sacramentalen Charakter ganz von der Ehe wegzuläugnen und ihn einzig in den Segen des Priesters zu setzen. Dazu kam, daß die Anhänger jener Meinung, wollten sie consequent sein, zu der Behauptung gedrängt wurden, es könne unter Christen gültige Ehen geben, die doch keine Sacramente seien. Die Ehe unter Christen wäre demgemäß in dem System jener Theologen nicht nothwendig ein Sacrament, sondern würde es nur durch die zu der Ehe nicht wesentlichen Segensworte des Priesters. Hieraus zog man nun den Schluß, die Ehe sei ihrem Wesen nach ein rein bürgerlicher Vertrag, der als solcher der weltlichen Gesetzgebung unterstehe, während die Kirche ihre Verordnungen über den priesterlichen Segen erlassen könne. Da hatte man, was man wollte, die Säcularisation der Ehe, während der Kirche der Weihwasserkessel blieb. Es war nun doch nicht zu läugnen, daß auch die Kirche bislang Gesetze über den Ehevertrag gegeben; man gerieth dadurch aber nicht in Verlegenheit; denn man half sich mit der Ausrede, die Kirche habe dieß mit Vergünstigung des Staates gethan; dadurch bleibe aber das Recht des Staates unverkümmert, die Ehe ganz in den Bereich seiner Gesetzgebung zu ziehen.

74. Dieß Letztere behauptete frischweg, ohne die angedeuteten Wege einzuschlagen, Paul Sarpi, ein Protestant in der Mönchskutte, der sich überhaupt wenig genirte, den katholischen Lehren entgegenzutreten, und darum die erwähnten Schliche nicht brauchte. Wie er durchweg das Concil von Trient in der heftigsten Weise bekämpft, so greift er auch insbesondere dessen Ehegesetzgebung an; das Recht hierzu, meint er, stehe nicht der Kirche, sondern dem Staate zu. Diese Behauptung war freilich ganz angemessen für den Theologen einer Republik, welche nur zu oft die Kirche als eine bloße Polizeianstalt im Dienste des Staates betrachtete [2]. Dem Servitenmönch folgte sein Freund und der Herausgeber seines Werkes, der Apostat de Dominis.

---

[1] Peronne, de matr. I. 75.
[2] Döllinger in der Fortsetzung von Hortigs Kirchengesch. S. 730, 731.

Was diese unverhohlen thaten, erstrebten Gallicaner auf Umwegen. Voran leuchtete Launoi. Das Concil von Trient suchte er sich auf die willkürlichste Weise zurecht zu legen. So griff er die Lehre der Kirche über die Unauflösbarkeit der Ehe und die Ehehindernisse an; meinte, die ihm unbequemen Canones seien nicht dogmatischer, sondern disciplinärer Natur; wenn das Tridentinum erkläre, die Kirche habe das Recht, trennende Ehehindernisse zu setzen, so verstehe es unter der Kirche nicht die Bischöfe mit ihrem Oberhaupte, sondern die Gläubigen, wozu besonders die Fürsten gehörten; nur mit deren Bewilligung habe die Synode Ehegesetze gegeben. Sein mit einem schrecklichen Ballast von Erudition angefülltes Werk [1] rief zu seiner Zeit fast nur Widerspruch hervor und wurde bald darauf in Rom auf den Index der verbotenen Bücher gesetzt (1688). Obwohl nun die Schrift damals wenig Unheil stiftete, so lieferte sie doch einer spätern Zeit die Waffen gegen die kirchliche Ehegesetzgebung.

75. Je mehr nämlich der Staatsabsolutismus im 18. Jahrhundert wuchs und selbst in das kirchliche Gebiet hinübergriff, desto mehr mußte er auch versucht sein, die Ehesachen seiner Gesetzgebung und Gerichtsbarkeit zu unterwerfen. Einzelne Versuche hierzu waren freilich auch schon früher vorgekommen. In Frankreich war vielfach, besonders in den Gerichtshöfen (Parlamenten), eine grundsätzliche Opposition gegen den hl. Stuhl thätig, und Ludwig XIII. ließ sich (1629) zu dem Decrete verleiten, daß die Ehen, welche Minderjährige gegen den Willen ihrer Eltern geschlossen, ungültig seien, während das Tridentinum sie für gültig erklärt hatte. Doch der Weisheit der Bischöfe gelang es, durch ihren Einfluß auf den frommen König diesen Widerspruch zu heben. Ludwig XIII. erklärte, daß er nur bürgerliche Ungültigkeit der genannten Ehen habe aussprechen wollen, mit andern Worten, es habe bei der Lehre der Kirche, welche diese Ehen für gültig erkläre, sein Bewenden, nur sollten sie nicht die bürgerlichen Wirkungen rechtsgültiger Ehen haben. Nicht so geschah es im 18. Jahrhunderte, da die weltlichen Fürsten noch weit mehr in das Eherecht eingriffen. Es fand sich vielmehr ein ganzer Troß Canonisten, welche die betreffenden Verfügungen hervorriefen oder rechtfertigten. Die Wege, welche sie eingeschlagen, um das katholische Dogma mit diesen Uebergriffen zu versöhnen, haben wir oben angedeutet. In dieser Weise lehrten Oberhäuser

---

[1] Regia in matr. potestas.

in Oesterreich, Peßeck im Breisgau, Febronius (von Hontheim) am Rhein, Le Plat in Belgien, Bon in Turin, Tamburini in Padua, Litta in Mailand und andere mehr. Dieser Theorie gemäß warf Joseph II. die kirchliche Gesetzgebung um und ordnete das Eherecht, vermöge der ihm als Landesherrn zukommenden Machtvollkommenheit. Wie tyrannisch er hierbei die Gewissen seiner Unterthanen knechtete, mag man daraus ersehen, daß er verbot, Dispensen über Ehehindernisse in Rom nachzusuchen. Weigerten sich Geistliche, ohne solche Dispens Ehen, die nach diesem Gesetz gültig waren, einzusegnen, so sollten sie gestraft werden, mochten dergleichen Ehen auch nach kirchlichem Begriff incestuöse Verbindungen sein. Leopold, Großherzog von Toscana, folgte seinem kaiserlichen Bruder hierin nach, waiblich unterstützt von der Synode zu Pistoja. In Neapel sprach der Bischof von Motula im Namen der Regierung die Nichtigkeit der Ehe des Herzogs Magdaloni und M. de Cardenas aus. Aehnliche Grundsätze herrschten im Toleranzedict Ludwigs XVI. (vom November 1787), welches eine Civilehe der Protestanten vor dem Richter oder auch vor dem katholischen Pfarrer anordnete [1]. Gegen solche Versuche war eine feierliche Erklärung der Kirche nothwendig. Sie erfolgte durch die Bulle „Auctorem fidei". Pius VI. verwarf die Beschlüsse der Versammlung von Pistoja und die Verdrehung der tridentinischen Beschlüsse, die von Launoi zuerst gemacht und dann von jener Synode war angewendet worden, um für den Staat die Gesetzgebung und die Gerichtsbarkeit über die Ehe in Anspruch zu nehmen. Doch war schon um diese Zeit ein anderer Feind der christlichen Ehe aufgetreten, den wir nun näher betrachten müssen.

76. Während sogar katholische Fürsten, vom Schwindel des Absolutismus ergriffen, die Ehe immer mehr der Hut der Kirche entzogen, welche dieselbe Jahrhunderte lang beschützt hatte, untergrub der Unglaube alle Grundlagen dieser Verbindung. Außer den Lehren einer gottlosen Philosophie stürmten Literaten in Gedichten, Romanen, Theaterstücken unausgesetzt und ungestört demselben Ziel zu. Alles dieses erhielt an dem großen Sittenverderbniß, von dem es erzeugt war, wiederum den mächtigsten Rückhalt. So fand die französische Revolution das Terrain für ihren Versuch gehörig vorbereitet. Sie wollte vollenden, was die Reformation nur halb gethan, nämlich die gänzliche Befreiung des Menschen, der Familie, des Staates von der übernatürlichen Ordnung Gottes,

---

[1] Avogadro l. c. IV. 494.

wie diese eben in der Kirche aufgestellt ist. Freilich traten gegen die wilden Ausbrüche der Revolutionen Reactionen ein, aber diese riefen ihrerseits wiederum Revolutionen hervor, um das Begonnene immer mehr auszuführen und die Grundsätze von 1789 zu verwirklichen. Eine Frucht dieses Geistes ist die französische Gesetzgebung über die Ehe. Sie hat diese heilige Verbindung völlig säcularisirt, zu einem bloßen Civil= contract herabgedrückt, der die Kirche nichts mehr angeht, sondern einzig vom Staate zu reguliren, zu beurtheilen und unter seiner Mitwirkung zu schließen ist. Die Kirche mag dann, wenn die Brautleute damit zu= frieden sind, ihren Segen darüber sprechen.

77. Napoleon suchte seinen Code mit dieser Ehegesetzgebung auch über die Grenzen Frankreichs hinaus einzuführen, der Papst hat aber wieder= holt dagegen protestirt. Pius VII. schrieb hierüber in den schärfsten Ausdrücken an den Bischof von Warschau [1]: „in einem Lande, wo die katholische Religion die Religion des Staates ist und ein katholischer Fürst herrscht, können nicht ohne großes Aergerniß auf die Katholiken die Gesetze des Code über die Ehe angewandt werden; es wäre dieß ein unerhörtes Attentat und eine offenbare Empörung gegen die Gesetze der Kirche, eine Neuerung, welche zum Irrthum und Schisma führen würde." In einem Circulare an die Cardinäle [2] (vom 5. Febr. 1808) setzt Pius VII. auseinander, was er von Napoleon zu leiden habe, und gibt nebst andern Gründen an: Napoleon will die Einführung des Code, aber da dieses unserer Souveränität entgegen ist und den heiligen Canones, sowie den heiligen Concilien zuwiderläuft, haben wir abschlä= gige Antwort gegeben. Als nun dennoch die Franzosen den Kirchen= staat besetzten, erwähnte der Papst die Einführung des Code als eines der Uebel, die er mit Thränen beklage.

Dasselbe führt er wiederholt in der Excommunicationsbulle gegen Napoleon an: er habe nicht zugeben können, daß man nach Zerstörung der heiligsten, durch die Canones angeordneten Form der Religion da= für einen Code unterschiebe, der nicht nur den heiligen Canones, son= dern auch den evangelischen Gesetzen zuwider sei. Wie aus andern Ac= tenstücken hervorgeht, meint der Papst hiermit besonders die Ehegesetze des Code, ohne die anderweitige Vortrefflichkeit desselben in Frage zu ziehen.

Dieselbe Sprache führte auch Pius IX., als man in Sardinien

---

[1] Avogadro l. c. IV. 329.   [2] Avogadro l. c. p. 501 sqq.

und der südamerikanischen Republik Neu-Granada die Civilehe einzuführen gedachte; Beweis davon ist der Brief des Papstes an Victor
Emanuel vom 19. Sept. 1852 und die Allocution vom 27. Sept. desselben Jahres. Er behauptet in der letztern, daß durch jenen Gesetzesvorschlag, welcher die Ehe als einen bloßen Civilcontract aufstelle, für
gewisse Fälle eine eigentliche Trennung des Ehebandes bestimme und
alle Ehesachen der Entscheidung der weltlichen Gerichtsbarkeit übertrage,
das Geheimniß, die Würde, die Heiligkeit des Ehesacramentes völlig
verachtet, seine Einrichtung und Natur gänzlich mißkannt und umge-
stoßen, endlich die Gewalt der Kirche auf die Ehe durchaus verletzt
werde, daß jede Verbindung von Mann und Weib unter Christen, die
nicht ein Sacrament sei, nur ein schmähliches und verderbliches Concubinat ausmache, möge sie auch kraft des bürgerlichen Gesetzes eingegangen sein.

78. Wie sehr die hehre, durch die katholische Kirche begründete Auffassung der Ehe und ihrer Heiligkeit durch die sog. Civilehe gelitten hat,
bedarf keiner Auseinandersetzung. Vernehmen wir hierüber das schnei-
dende Wort eines bekannten socialistischen Schriftstellers (Leroux): „Statt
des Sacramentes hat man einen Miethvertrag gesetzt.“ Wie kann aber
Jemand, der die Ehe hierfür ansieht, dieselbe noch achten? warum sollte
für einen solchen der Ehebruch ein so entsetzliches Verbrechen sein? warum
die Ehe unauflöslich? warum die schwere Pflicht der Ernährung und
Erziehung der Kinder sich aufbürden? warum gar auch die vom Gesetze
vorgeschriebenen Förmlichkeiten? Es können, spottet man, die Kinder
auch ohne den Maire geboren werden. So geschieht, was man in Frankreich auf das Bitterste beklagt. Die Ehe, sagt l'Ami de la religion
(5. Nov. 1850), ist von Seite des Code so schwierig, verlangt so viele
Schriften, so viele Atteste, daß eine große Masse der Bevölkerung nicht
mehr heirathet, sondern die schlimme Leichtigkeit des Concubinates vorzieht.
Schon früher (April 1835) hatte ein anderes Blatt (la Gazette des tribu-
naux) über Ehebruchscontracte berichtet, die vom Notar unterzeichnet
seien; es beklagt zugleich „die Vervielfältigung der freien und außergesetz-
lichen Verbindungen, die in Paris und den Departements in so schrecklichen Proportionen zunähmen, daß sie die heilsamsten Wirkungen der
modernen Bildung aus der Gesellschaft zu verbannen drohten“.

79. Daß es dahin kommen muß, liegt in der Natur der Sache.
Die Civilehe ist in dieser Beziehung nur ein Uebergang zum Socialismus.
Denn die Trauung ist nun einmal ihrem innersten Wesen nach von

allen bürgerlichen Verträgen verschieden, ist ein religiös=sittlicher Con=
tract, eine Sache des Gewissens. Dafür haben sie sogar die Heiden=
völker angesehen und sie deßhalb mit so vielen religiösen Gebräuchen
umgeben. Wer nun in dergleichen religiösen Dingen der Kirche die
Autorität nimmt, wird nicht auf die Dauer diese Gewalt dem Staate
zuwenden können. Die Geschichte zeigt dieses unwiderleglich. Von pro=
testantischer Seite wollte man manchenorts in Glaubenssachen die Auto=
rität für immer von der Kirche auf den Landesherrn übertragen. Ist
es geglückt? Nein, man hat hierin nicht nur die Autorität der Kirche,
sondern auch die des Staates abgeschüttelt und nicht eher geruht, bis
Alles der eigenen Willkür anheimgestellt wurde. Was vom Glauben gilt,
ist auch von andern Gewissensfachen wahr, besonders aber von der Ehe.
Denn die Leidenschaft, welcher in der Ehe eine Schranke gesetzt wird,
ist ja die flatterhafteste, unbändigste von allen; sie wird darum, wenn
sie einmal dahin gekommen ist, die Autorität der Kirche zu verachten,
nicht eher ruhen, als bis sie alle ihr vom Staat auferlegten lästigen
Formalitäten abgeworfen hat und mit völlig freier Willkür auftreten
kann. Nur das allein ist consequent. So führt der Liberalismus, der
so gewaltig nach allgemeiner Civilehe schreit und hiemit nach Verlauten
auch deutsche Staaten beglücken will, zu den freien Liebesverbindungen
des Socialismus. Vernunft und Erfahrung bezeugen dieses laut, aber
nichtsdestoweniger geht man mit der entsetzlichsten Leichtfertigkeit darüber
hinweg. Eine Probe hiervon geben die neuesten Nachrichten aus Turin [1].
Das Ministerium legte dort den Deputirten sieben Gesetze vor, die
durch Einen Beschluß angenommen werden sollten. Das erste davon
betraf die Einführung des Code und mithin auch der Zwangscivilehe.
Zum Unglück soll nun auch der Senat, welcher 1852 den kräftigsten
Widerstand leistete, zugestimmt haben.

Wir gestehen freilich gerne zu, daß die angedeuteten Folgen nicht
überall hervorgetreten sind, aber warum? weil das Volk in manchen
Gegenden noch einen lebendigen Glauben hat. Deßhalb schreibt es der
sog. Trauung auf dem Rathhaus nicht den geringsten Einfluß auf die
Ehe selbst zu, sondern einzig und allein der kirchlichen Feier. Jene
nimmt es vor wegen der bürgerlichen Vortheile, die damit verbunden
sind, besonders aber, weil sie nach dem Gesetz ohne dieselbe die kirch=
liche Trauung nicht erhalten können. Mit andern Worten, darum tre=

---

[1] Civ. cattol. 1865.

ten die Uebel der Civilehe nicht hervor, weil man die Grundsätze, auf denen sie zuletzt beruht, verwirft und regelmäßig die kirchliche Trauung als die eigentliche Eheschließung folgen läßt. Anders verhält es sich aber in Gegenden, wo Glaube und Sitte gelockert sind. Dort werden tausende von Civilehen geschlossen, denen keine kirchliche Trauung folgt, aber auch tausende von Verbindungen, die nicht nur nach den Begriffen der Kirche, sondern auch nach dem bürgerlichen Gesetze Concubinate sind; dort ist man auf dem besten Wege zum Socialismus.

80. Doch wir müssen jetzt noch einen Blick auf den Protestantismus werfen. In ihm wirkten sich die von seinen Urhebern zu Grunde gelegten Principien immer mehr aus. Besonders trug hierzu bei das preußische Allgemeine Landrecht vom 5. Februar 1794, „welches auf der Grundlage der reinen Vertragstheorie ein Eherecht aufbaute und das Scheidungswesen derart begünstigt hat, daß man seit Jahren laut und bitter nach Abhülfe verlangt hat" [1]. Man urtheile nach folgenden Zahlen: 1851 waren in Preußen [2] mit Ausschluß des Appellhofbezirks Köln 6548 Ehesachen anhängig, wovon 2926 durch richterliche Trennung der Ehe entschieden wurden. Auf Berlin allein kamen 721 Eheprozesse. Kein Wunder, daß in dieser Hauptstadt die separirten Ehefrauen einen eigenen zahlreichen Stand bilden. Es liegt ein Beispiel vor, daß ein Arbeiter sechsmal geschieden und siebenmal getraut wurde. Diesem Uebel der häufigen Ehescheidungen suchte das neue Ehescheidungsgesetz von 1844 etwas zu steuern. Nach dem preußischen Statistiker Franz erzielte es das Gegentheil von dem, was es bewirken sollte. Jedenfalls hat es, wenn nicht die Ehescheidungen, so doch die Ehescheidungsprozesse nicht vermindert. In neuerer Zeit trachteten die protestantischen Kirchenbehörden — die Anregung kam wiederholt von allerhöchster Seite — dem Uebel dadurch entgegenzuwirken, daß die Wiederverheirathung der Geschiedenen erschwert wurde. Allein bereits ist wiederum eine mildere Praxis beliebt worden. Denn die betreffenden Personen klagten und forderten die Civilehe. Die Einführung der Civilehe scheint aber selbst denen, welche so eifrig für strenge Handhabung der Kirchenzucht in Betreff der Scheidung reden, das schrecklichste Uebel zu sein, weil dadurch der letzte Rest des Einflusses und der letzte Zusammenhang der protestantischen Geistlichkeit mit dem wirklichen Leben verloren ginge. So

---

[1] Schulte, Eherecht. S. 22.
[2] Franz, Handbuch der Statistik. S. 25. Jörg, Gesch. des Protest. I. 538 ff.

lähmt diese Furcht jedes kräftige Einschreiten. Das hat aber wiederum
die Zunahme der Scheidungen zur Folge. Nach dem Justizministerial=
blatt vom 11. Nov. 1864 waren unter den Ehesachen an Scheidungs=
prozessen im Jahr 1861 — 4905, im J. 1862 — 5102, im J. 1863
— 5345, also im Durchschnitt eine jährliche Zunahme von 220 Schei=
dungsprozessen.

81. Nicht minder traurig ist die Größe des Uebels in andern prote=
stantischen Gegenden. In Sachsen, das mehr denn 8mal so klein ist
als Preußen, waren 1117 Ehescheidungsklagen im Jahre 1851 anhän=
gig (1 auf 297 Ehen). In andern deutschen Territorien [1] besteht außer
den gewöhnlichen Scheidungsgründen die Scheidung per rescriptum
principis (durch landesherrliche Verfügung), welche nicht bloß dazu be=
stimmt ist, solchen Ehegatten, welche die Verfolgung eines rechtmäßigen
Ehescheidungsgrundes vor den ordentlichen Gerichten scheuen, auf diesem
mit minderem Aufsehen verbundenen Wege zur Erreichung ihres Zieles
zu verhelfen, sondern auch ausdrücklich den Zweck hat, Ehegatten, welche
keinen gesetzlichen Scheidungsgrund für sich anzuführen vermögen, außer=
ordentlicher Weise dennoch die Scheidung möglich zu machen. In Gotha
können sogar Ehegatten wider ihren Willen von Amtswegen geschieden
werden. Aber auch in andern Orten, wo strengere Ehegesetze die Schei=
dungsgründe auf Ehebruch und böswilliges Verlassen einschränken, sind
doch deßhalb die wirklichen Zustände nicht besser. Die Leidenschaft hat
auch da ein leichtes Mittel, zum Ziele zu kommen. Superintendent
Stier aus Hamburg sagt gerade heraus: „Es kommt sehr häufig vor,
daß die Leute nur darum geflissentlich ehebrechen, damit geschieden wer=
den könne."

Wir kommen jetzt zu außerdeutschen Zuständen. Nach dem Univers
vom 5. August 1855 sprach die in Klausenburg versammelte Synode die
Trennung des Ehebandes für 260 Ehen aus, und doch waren zu der
Zeit kaum 550,000 Protestanten in Siebenbürgen.

82. In der anglicanischen Kirche war die Ehescheidung durch das
Gesetz sehr erschwert und dieses Uebel kam darum selten vor. In der
neueren Zeit ist es aber anders geworden, seit die alten Gesetze 1857
aufgehoben wurden. Daß dort die Corruption auch die ehelichen Ver=
hältnisse zerrüttet hat, beweist folgende Notiz aus dem **Weekly Register** vom 29. März 1856: „Bei den letzten Assisen von Liverpool hat

---

[1] Jörg, Geschichte des Protestantismus. I. 540.

der Richter constatirt, daß Fälle von Bigamie äußerst häufig vorkämen; sogar Fälle von Trigamie kommen oft vor."

Wie sieht es vollends in Nordamerika aus? Man schätzt die Zahl der Ehescheidungen in den Unionsstaaten jährlich auf 5000. Wie das Univers [1] berichtet, wurde dort ein junger Mann, 29 Jahre alt, darum verurtheilt, weil er 14 Frauen nach einander geheirathet, davon 2 in dem Zeitraum von 3 Wochen in Boston und Baltimore. Ein anderer, David Beattyra, wurde gefänglich eingezogen, weil er von 7 gesetzlich ihm angetrauten Frauen angeklagt war und mit jeder derselben durch= schnittlich 1 Vierteljahr zusammengelebt hatte. Von S. Francisco (Ka= lifornien) aus wurde gar berichtet, daß in Einem Monate dort 10 Scheidungen und nur 4 Trauungen stattfanden. Wo Solches möglich ist, trachtet die Leidenschaft auch die letzten Bande abzuwerfen.

Im Herbste 1855 [2] bildete sich in Newyork die „Gesellschaft der freien Liebe" aus, die in Kurzem auf 500 bis 600 Mitglieder aus den gebildeten Ständen heranwuchs, bis die Polizei noch zeitig eingriff. Dieser Versuch steht in jenem Lande nicht einzig da; im Jahr 1855 bestand zu Carasco in Wisconsin ganz unbehelligt eine socialistische An= stalt der freien Liebe, wo die sog. Ehen nach Neigung geschlossen und aufgehoben, die Kinder aber auf Communkosten erzogen wurden. Die= sem Treiben leisteten die vielen socialistischen Secten und Gemeinden, die sich in verschiedenen Gegenden gebildet haben, den größten Vorschub.

83. Solche Zustände, über welchen es selbst den liberalsten amerikani= schen Blättern graust, machen es uns erklärlich, wie die Secte der Mormo= nen mit ihrer Vielweiberei entstehen und sich so rasch ausbreiten konnte [3]. Aber der Umstand, daß diese Schwärmer auch unter den Protestanten Europa's sich so zahlreich rekrutiren konnten, zeigt, daß die Sachlage in Europa nicht wesentlich von der amerikanischen abweicht. Bekanntlich gingen die Mormonen erst um 1830 aus den Baptisten hervor. Im Jahr 1844 sandte ihr Prophet und Stifter Smith über 2000 Missionäre aus, während damals bereits 3000 Sendboten auf „Mission" abwesend waren. In Europa machten sie große Propaganda in den britischen und skandinavischen Reichen. In England waren 1851 im Verlauf von nur 14 Jahren mehr als 50,000 Anhänger der mormonischen Secte wieder getauft worden; im Jahr 1856 allein gingen über Liverpool

[1] 14 Avril 1856.   [2] Jörg a. a. O. II. 447. 493.
[3] Jörg a. a. O. II. 350 ff. 404. 504 ff.

gegen 4000 Perſonen nach dem neuen Sion im Utah-Thale; nach amt-
lichen Zählungen zählte das mormoniſche Organ für Britannien 25,000
Abonnenten.

Aehnlich ſind die Erfolge der Mormonen in Dänemark. Die Aus-
wanderung aus dieſem Lande nach dem Utah-Thale nimmt in ſchreck-
lichem Maße zu. Im Jahre 1854 allein wurden an emigrirten däni-
ſchen Mormonen bis zu 3000 gezählt.

84. Ueber den traurigen Zuſtand der ehelichen Verhältniſſe in der
griechiſchen Kirche iſt ſchon die Rede geweſen. Das Uebel der Scheidung
iſt dort durch die Nachſicht des ſchismatiſchen Klerus ſo eingeriſſen, daß
die Regierungen einſchreiten mußten. Folgendes iſt der Bericht des Für-
ſten Euſa [1] an die Ständeverſammlung der Moldau-Walachei vom Jahr
1859, um dieſes Vorgehen zu veranlaſſen:

„Die Familie und mithin die Geſellſchaft kann nur unter der Bedingung beſtehen, daß die Ehe kein Spiel ſei, in dem die Brautleute
ſich nehmen und trennen unter den eitelſten Vorwänden. Welchen Namen ſoll man jenen Frauenzimmern beilegen, welche, nachdem ſie die
Scheidung am Morgen vollbracht, des Abends wieder heirathen und
die in ihrem zarteſten Alter ſchon die Reihe jener Verbindungen durch-
gemacht haben, welche ein kirchliches oder vielmehr bis zum Uebermaße
nachſichtiges und ſchwaches Geſetz duldet? Durch dieſe Eheſcheidungen
wird die öffentliche Sittlichkeit verletzt, die Erziehung der Kinder ver-
nachläſſigt, die Erbfolge iſt nur eine Quelle von Prozeſſen geworden,
die Vaterſchaft endlich in ein völlig unentwirrbares Labyrinth gehüllt.“

Uebrigens iſt auch hier der Uebelſtand nicht aus dem Auge zu
laſſen, daß, wie im Proteſtantismus die Berührung mit dem Mormo-
nenthum, ſo im Schisma der Mohamedanismus der Leidenſchaft, welche
dieſer letzte Schatten von Kirchenzucht noch drückt, leichte Wege zur
Vielweiberei eröffnet; der Islam rekrutirt ſich denn auch fort und fort
aus ſchismatiſchen Orientalen.

85. Demſelben Ziele, wie die mormoniſche Schwärmerei, führen auch
der Communismus und Socialismus zu, welche unausgeſetzt daran arbeiten, Europa zu unterwühlen. Freilich verwirft der Socialismus den
groben Communismus der Weiber, aber die ſocialiſtiſchen Verbindungen
der freien Liebe ſind im Weſentlichen nichts anderes; ſie alle untergra-
ben mit ihrem Syſtem jeden Begriff einer Ehe und gelangen ſo ganz

---

[1] Avogadro l. c. IV. 478.

wieder auf den Standpunkt der alten Gnostiker. Wohl nirgends zeigt sich schlagender, als bei der Ehe: wenn der Mensch die übernatürliche, durch Christus begründete und durch die Kirche verkündete Ordnung aufgibt, fällt er auch immer mehr von der natürlichen ab. Wie erhaben ist die Auffassung des Christenthums über die Ehe! mit welcher Thatkraft und Treue hatte die Kirche dieses Ideal unter den Völkern verwirklicht! Ruft doch selber ein Ungläubiger [1] darüber voll Verwunderung aus: „(Seit der Umbildung der Ehe durch das Christenthum) verwandelte sich das Brautgemach gewissermaßen in einen Altar und Niemand konnte sich ihm nahen ohne die heiligen Sachen gebührende Verehrung. Die eheliche Liebe wurde sozusagen in's Heiligthum versetzt und ward keuscher ... Alles Blut der Martyrer war kein zu theurer Preis für diese erhabene Idee." Was geschah aber, als man im 16. Jahrhundert den übernatürlichen, sacramentalen Charakter zu läugnen begann? Man hob auch die von der Natur gewollte Unauflösbarkeit auf. Je mehr man die Ehe verweltlichte, desto mehr tastete man auch die durch die Natur geheiligten Rechte und Pflichten an, bis endlich Socialisten und Communisten dahin kamen, die gesammte sittliche Ordnung der menschlichen Natur aufzuheben und nach dem Rechte der Thiere zu gelüsten.

Wer wird hierbei nicht an die Parabel vom verlornen Sohn erinnert! Ein Vater hatte zwei Söhne. Der jüngere Sohn nahm seinen Antheil am Vermögen des Vaters, zog aus dem Vaterhause fort und verschwendete sein Geld durch ein schwelgerisches Leben. Nachdem er Alles verzehrt hatte, entstand eine große Hungersnoth und er fing an, Mangel zu leiden. Nun ging er hin und verdingte sich an einen Bürger des Landes. Dieser schickte ihn auf einen Meierhof, die Schweine zu hüten, und er wünschte seinen Bauch mit Träbern zu füllen, welche die Schweine fraßen.

86. Dahin wird es auch jetzt kommen, wenn die Menschheit fortfährt, sich immer mehr und mehr in Betreff der Ehe vom Vaterhause zu entfernen und die Ehe fort und fort der Hut und Pflege der Kirche, deren Gesetzgebung und Gerichtsbarkeit zu entziehen sucht. Der Ueberrest der Hochschätzung der Ehe, den man mitgenommen hatte, ist bald aufgezehrt und dann treibt die Leidenschaft immer weiter; denn diese, einmal auf abschüssige Bahn gesetzt, ist furchtbar consequent, geht bis

---

[1] De Flotte, esprit de la révol. p. 2. l. 2. c. 2.

zu den äußersten Folgerungen. Das sehen denn auch die Socialisten, und darum sagen sie jubelnd, daß nach Abwerfung der göttlichen Autorität auch bald die menschliche Tyrannei über die Geschlechtsliebe aufhören werde. Dahin treibt denn auch das Princip der Revolution, das nun schon seit 75 Jahren in der europäischen Welt gährt, bald hier, bald dort zum Ausbruch kommt, Alles aber immer mehr der gesetzlichen Fesseln zu entledigen und der menschlichen Willkür zu überantworten trachtet. Dahin — dem Socialismus zu — treibt endlich auch das schreckliche Ueberhandnehmen des Pauperismus.

Doch es lebt noch eine rettende Macht, die katholische Kirche. Sie führte ja die Ehe bereits aus der tiefsten Entwürdigung, welcher die Heiden dieses göttliche Institut preisgegeben; sie wahrte die Heiligkeit des hehren Sacramentes gegenüber den ungebändigten Leidenschaften der die alte Bildung zerstörenden Barbaren, sie brach deßhalb den Trotz der mittelalterlichen Fürsten, sie hielt immerdar die Würde dieser Verbindung aufrecht gegen die laxe Disciplin der Griechen, gegen die Irrlehren der Glaubensneuerer, gegen die Anmaßungen des Absolutismus. Ihr Haupt hat jetzt mit großer Kraft die rettenden Grundsätze der ganzen Welt zugerufen, daß sie aller Orten wiederhallen. Nur darin ruht das Heil der Christenheit, daß sie folgsam auf die Stimme ihres Vaters und Lehrers hört. Dann wird die Ehe, das Familienglück, das Wohl der Gesellschaft selbst erneuert werden. Doch um diesen Gehorsam gehörig leisten zu können, müssen wir die vom Papste ausgehende Verwerfung der Irrthümer richtig zu würdigen trachten.

4. Irrthümer über die Ehe.

87. Der Papst und die Kirche müssen sich mit dem Liberalismus und Fortschritt versöhnen: das ist das Begehren selbst mancher Katholiken, die, irrgeleitet von dem Klange dieser Worte, ihre alte göttliche Religion durch gottlose Neuerungen verunstalten wollen; dieß zeigt sich denn auch bei der Ehe.

Was will hier der Fortschritt? Er will die Ehe säcularisiren, nämlich sie der religiösen Weihe entkleiden, sie den Gesetzen und der Gewalt der Kirche entziehen. Das beweist sein Geschrei nach der sogenannten Civilehe. Diesen Fortschritt hat ein Professor des katholischen Kirchenrechts in Turin, Nuyts, unter großem Beifall der Liberalen mit den

Lehren der Kirche auszusöhnen getrachtet [1]. Gegen eine solche Versöhnung aber protestirte der Papst auf das Entschiedenste.

Der Turiner Professor wollte Katholik sein, er unterbreitete sogar
sein Buch der kirchlichen Censur. Wie kam er denn nun zu dem Satz:
„Es kann in keiner Weise zugegeben werden, daß Christus die Ehe
zur Würde eines Sacraments erhoben hat." (Syllabus Nr. 65.)

Jedes Kind weiß ja, daß die Ehe ein Sacrament der katholischen
Kirche ist. Nun, der Professor des modernen Kirchenrechts mißbrauchte
auf unerhörte Weise die von manchen Theologen aufgestellte Ansicht,
daß der Priester der Spender des Ehesacramentes sei, und
schritt in der Versöhnung des Dogma's mit der Civilehe bis zur völli-
gen Verflüchtigung einer der bekanntesten katholischen Lehren vor. So
weit waren die Theologen, welche die obige Meinung vertheidigten, nicht
gegangen; sie hatten festgehalten, daß die Ehe selbst von Christus zur
Würde eines Sacramentes erhoben sei, daß die Einwilligung der Brautleute, wodurch sie den Ehecontract schließen, zum Wesen des Sacramentes gehöre, wenn auch nicht allein schon das ganze Wesen desselben
ausmache, da nothwendigerweise die Segensworte des Priesters als
Form des Sacramentes hinzutreten müßten. Nuyts geht weiter; er
setzt das ganze Sacrament in die Segensworte des Priesters. Die Ehe
selbst ist also durchaus nicht Sacrament, sondern ihrer Natur und ihrem
Wesen nach ein rein bürgerlicher Contract. So hatte sich der Versöhner
der Kirche mit den liberalen Ideen freie Hand gemacht, um die Ehe
dem Staate zu überliefern. Die hauptsächlichste Schwierigkeit wenigstens, der sacramentale Charakter der Ehe, war beseitigt. Es standen
ihm freilich noch andere Bestimmungen und Thatsachen hindernd im
Wege, aber zu deren Abschwächung hatte schon Launoi und Consorten
Stoff genug geliefert, er brauchte ihre dicken Bände nur auszuschreiben.
Er behauptete demnach, wenn die Kirche in vergangenen Jahrhunderten
trennende Ehehindernisse aufgestellt, so sei das nur aus Zulassung oder
im Namen der weltlichen Fürsten geschehen. Diese hätten eigentlich das
Recht, über den Ehevertrag Gesetze zu erlassen, ihnen stehe also auch
die Gewalt zu, trennende Ehehindernisse festzusetzen, ja auch die von der
Kirche aufgestellten aufzuheben. Nuyts zog nun aus solchen Grund-

---

[1] Er that dieß in folgenden Schriften: Juris eccles. Institutiones, iu jus
eccles. universum tractationes. Nach der Verurtheilung dieser Werke durch den
Papst verfaßte er im gleichen Geiste: A suoi concittadini.

sätzen folgenden, die reine Civilehe vollständig rechtfertigenden Schluß:
Habe das Concil von Trient als wesentliche Bedingung zur Gültigkeit
der Ehe verordnet, dieselbe vor dem Pfarrer und zwei Zeugen einzugehen, so könne der Staat dafür eine andere Form, die der Civilehe
nämlich, festsetzen. Man sieht, Nuyts verstand sein Versöhnungsamt mit
dem modernen Fortschritt vortrefflich.

88. Das Fundament seines Versuches ist, wie gesagt, die Behauptung, daß die Ehe selbst kein Sacrament sei, dieses vielmehr nur in den
Segensworten des Priesters bestehe. Dagegen erhebt nun Pius IX.
an erster Stelle seine Stimme, er sucht vor allem Andern die Grundlage des katholischen Eherechtes sicher zu stellen, die übrigens schon durch
das allgemeine Concil von Trient auf die feierlichste Weise mit folgenden
Worten definirt ist: Wer da sagt, daß die Ehe nicht wahrhaft und eigentlich eines der sieben Sacramente des evangelischen Gesetzes sei . . ., der
sei im Banne (can. 1. de Matrim.). Daß nun die Synode unter
dem Worte Ehe (matrimonium) wirklich die Ehe und nicht den priesterlichen Segen versteht, ergibt sich aus der Redeweise, sowie aus dem
ganzen Zusammenhange. Denn so oft das Tridentinum von Ehe spricht,
versteht es darunter das, was alle vernünftigen Leute darunter verstehen
und wie auch bis auf den Herrn Nuyts alle Katholiken diesen Canon
aufgefaßt haben, nämlich es versteht darunter die Ehe im eigentlichen
Sinne des Wortes und unterscheidet dieselbe wiederholt von den Segensworten des Priesters, die dieser bei Eingehung der Ehe spricht, so
sess. XXIV. l. c. can. 11. und cap. I. de reformatione matrimonii.
Dasselbe geht auch aus der dogmatischen Einleitung hervor, welche das
Tridentinum wie gewöhnlich den Canones vorausschickt. Nachdem die
Synode nämlich dort von der Einsetzung der Ehe im Paradies, von
deren Einheit und Unauflöslichkeit, endlich von der Gnade gesprochen,
die Christus derselben verdient hat, fährt sie fort: Da also die Ehe im
Gesetze des Evangeliums vor der vorchristlichen den Vorzug der Gnade
hat, so haben unsere hl. Väter, die Concilien und die allgemeine Ueberlieferung der Kirche immer mit Recht gelehrt, daß sie den Sacramenten
des Neuen Gesetzes (Bundes) beizuzählen sei. Offenbar versteht an
dieser Stelle die Synode unter dem zum Sacrament Erhobenen dasjenige, was im Paradies bestand, dem Einheit und Unauflöslichkeit des
Bandes zukommt, das in vorchristlichen Zeiten der Gnade entbehrte,
durch Christus aber der Gnade theilhaftig wurde. Das ist aber nicht
die priesterliche Einsegnung, sondern die Ehe. Wir können darum nicht

zweifeln, es ist katholisches Dogma im strengen Sinne des Wortes, daß die Ehe ein Sacrament ist. Um etwaigen Schwierigkeiten vorzubeugen, sei hier bemerkt, daß das Sacrament bei der Schließung der Ehe wirklich (actu) gespendet wird, dann aber seiner Wirkung nach im Ehebande als Zeichen einer hl. Sache fortdauert. Doch wir haben uns bei dieser klaren Sache zu lange aufgehalten, und da wir im zweiten Kapitel eingehend gezeigt, daß die Erhebung der Ehe zum Sacrament ganz und gar im Geiste des Christenthums liege, im geschriebenen und im überlieferten Worte Gottes begründet sei, können wir weiter in der Erörterung des Syllabus gehen.

89. Pius verwirft unter Nr. 66 den Satz:

> „Das Sacrament der Ehe ist nur etwas zum Vertrage Hinzukommendes und von ihm Trennbares und das Sacrament selber besteht einzig und allein in der Einsegnung der Ehe.“

Dieser Satz hängt genau mit dem vorigen zusammen und wir haben den zweiten Theil desselben schon widerlegt. Wenn das Sacrament einzig und allein in dem priesterlichen Segen besteht, so ist es etwas ganz Verschiedenes vom Ehecontract, etwas zufällig zur bestehenden Ehe Hinzutretendes, kann mithin von dieser getrennt werden. Auch hierin geht Nuyts weiter als die Theologen, welche den Priester als Spender des Ehesacramentes und seine Segensworte als Form desselben annehmen. Denn diese behaupten immerhin, daß auch der Ehecontract, in wiefern er durch die gegenseitige Einwilligung der Brautleute geschlossen wird, einen Theil des Sacramentes (materia Sacramenti) ausmache, und daß mithin ebenso wenig das Sacrament vom Ehecontract getrennt werden könne, als die Taufe von der Abwaschung mit Wasser (materia Baptismi). Aber Nuyts hält doch auch den Ehecontract für nothwendig zum Ehesacrament. Freilich, doch nicht als Bestandtheil, sondern nur als Voraussetzung, etwa wie die Geburt, welche dem Kinde das Leben gibt, nothwendig zur Taufe ist, ohne daß sie jedoch irgendwie die Taufe selbst ausmacht. Daß nun diese Anschauung des Turiner Professors ganz und gar falsch ist, haben wir schon im Vorigen gezeigt. Wir gehen darum zur Erörterung des 73. Satzes über, welcher sich an die vorhergehenden seiner Natur nach anschließt:

> „In Kraft eines bürgerlichen Vertrages vermag zwischen Christen eine Ehe im wahren Sinne des Wortes zu bestehen, und es ist falsch, daß entweder der Ehevertrag unter Christen immer ein Sacra-

ment sei, oder aber gar kein Vertrag, wenn das Sacrament ausgeschlossen wird."

90. Aus der Verwerfung dieses Satzes geht hervor, daß jeder gültige Ehecontract unter getauften Brautleuten ein Sacrament ist. Ist aber jeder gültige Ehecontract unter Christen ein Sacrament, so kann ein rein bürgerlicher Vertrag, der nicht zugleich ein Sacrament ist, kein gültiger Ehevertrag sein und deßhalb auch keine wahre Ehe begründen. Nuyts hatte nämlich behauptet, durch die sogenannte bürgerliche Trauung werde freilich kein Sacrament gespendet, wohl aber eine wahre Ehe eingegangen. Dagegen erklärt Pius IX., es gibt keinen gültigen Ehevertrag, der nicht zugleich Sacrament wäre. Damit ist nun freilich mehr gesagt, als mit der Verwerfung der vorigen Sätze. Nicht nur kann das Sacrament nicht von der Ehe getrennt werden, sondern auch nicht die Ehe vom Sacramente. Erläutern wir dieses durch das oben angeführte Gleichniß. Eine Taufe kann nie ohne Abwaschung geschehen und in soferne nie davon getrennt werden, eine Abwaschung findet aber unzählige Male statt, ohne daß sie Taufe ist. Mit dem Ehecontract verhält es sich anders. Weder wird das Sacrament ohne den Ehecontract gespendet, noch auch kann dieser unter Christen gültiger Weise geschlossen werden, ohne daß er Sacrament wäre.

Der hl. Vater begründet in dem Briefe an Victor Emmanuel vom 19. Sept. 1852 die Verwerfung des genannten Satzes aus dem schon oben erwähnten Canon des Conciliums von Trient. Und mit Recht! Denn in demselben ist ganz allgemein, ohne die geringste Einschränkung, gesagt worden, daß die Ehe ein Sacrament sei und zwar unter Strafe des Bannes für Diejenigen, welche es läugnen, sowie das Tridentinum in der dogmatischen Einleitung zu den Canones ebenso allgemein behauptet hatte, die Ehe, welche in vorchristlichen Zeiten der Gnade entbehrt, habe im Gesetze des Evangeliums durch Christus den Vorzug der Gnade erhalten und müsse deßhalb den Sacramenten beigezählt werden. Es steht darum auch uns nicht frei, eine Einschränkung zu machen, sondern wir müssen von jeder Ehe unter Christen, in sofern sie nur eine wahre, gültige Ehe ist, behaupten, daß sie ein Sacrament sei. Doch das Concil gibt uns noch einen andern Beweis.

91. Wäre nämlich die Meinung der Gegner richtig, so wäre die gültige Ehe, die ohne den Priester geschlossen würde, kein Sacrament. Das Gegentheil aber wird von der Synode behauptet. Um dieses zu verstehen, müssen wir deren Lehre von den sogenannten Winkelehen

(matrimonia clandestina) in's Auge faffen. Diefe geheimen, nicht in Gegenwart des Priefters geschloffenen Ehen waren nämlich bis zur Zeit der genannten Synode wahre, gültige Ehen. Das Tridentinum machte aber hierin eine Aenderung, indem es die Eingehung der Ehe in Gegen= wart des Pfarrers und zweier Zeugen als Bedingung einer gültigen Ehe aufftellte. Dennoch kann die Kirche auch jetzt noch von diefem Ge= fetze dispenfiren, wie fie es bekanntlich für gemifchte Ehen in manchen Gegenden gethan hat. Wo die Kirche nun dispenfirt, find gegenwärtig, wie zur Zeit vor dem Tridentinum, folche ohne den katholifchen Pfarrer eingegangenen Ehen wahre, gültige Ehen. Das Tridentinum befiehlt aber unter Strafe des Bannes, diefe Ehen für matrimonia rata zu halten. Was folgt daraus? Daß folche Ehen, obwohl fie ohne den Priefter geschloffen wurden, ein wahres Sacrament find. Denn mit dem Worte matrimonia rata bezeichnete man nach dem damaligen Sprach= gebrauche die Ehe als Sacrament. Dieß ergibt fich aus Covaruvias [1], der mit Buoncompagni (Gregor XIII.) wohl der bedeutendfte Canonift auf dem Concil von Trient war und dort an der Redaction der Be= fchlüffe über die Reformation arbeitete. Er erläutert wiederholt den Ausdruck ratum matrimonium durch „Sacrament" und beruft fich hier= für auf eine Stelle des canonifchen Rechtes [2], welche auch das Triden= tinum offenbar vor Augen gehabt hat. Pallavicini behauptet [3] nun freilich, diefe Synode habe nicht die geheimen Ehen für Sacramente er= klären wollen, doch gefteht er, daß große Theologen ihm hierin wider= fprechen und fozufagen alle Bifchöfe und Gottesgelehrten auf dem Tri= dentinum folche Ehen für ein wahres Sacrament hielten.

92. Es fei uns nach Anführung diefes Streitpunktes eine Bemer= fung geftattet, welche vielleicht den Widerfpruch der genannten Theolo= gen ausgleichen, von der andern Seite aber den Sinn des tridentini= fchen Befchluffes erläutern dürfte. Den Grund, warum das Wort ma= trimonium ratum zur Bezeichnung der Ehe unter Chriften gebraucht wurde, müffen wir in der Stelle eines Kirchenvaters fuchen, die durch Gratian in das corpus juris canonici überging. Sie lautet: Non est ratum conjugium, quod sine Deo est und ift nicht, wie Gratian fälfchlich angab, aus Auguftinus, fondern aus Ambrofius [4] genommen.

---

[1] Opera omnia. Ed. Francofort. p. 139.
[2] C. quanto X. de divort. (4, 19).
[3] L. XXII. c. 13.   [4] Com. in v. 15. c. VII. ep. 1 ad Cor.

Gratian [1] sowohl als Innocenz III. in der oben citirten Decretale er=
klärt dieses Wort von der größeren Festigkeit der christlichen Ehe, wie
es Ambrosius an der genannten Stelle gleicherweise verstanden hatte.
Diese Bedeutung hat das Wort ratum übrigens auch bei den classischen
Schriftstellern der lateinischen Sprache [2]. Wir dürfen uns darum nicht
wundern, wenn die Theologen und Canonisten allgemein dieses Wort
zur Bezeichnung der Festigkeit der christlichen Ehen anwenden. Seinem
Begriffe nach bedeutet also das Wort matrimonium ratum zunächst nur
die gefestigte Ehe der Christen, und in sofern können wir Pallavicini
beistimmen, wenn er behauptet, das Concil habe nicht (direct) die gül=
tigen geheimen Ehen für Sacramente erklärt. Nichtsdestoweniger folgt
dieses aber nothwendig aus dem durch die Synode unter Androhung
des Bannes definirten Satze. Denn die Festigkeit, welche kraft dieses
Beschlusses ebenso den nicht in der Gegenwart des Priesters geschlossenen
gültigen Ehen als den übrigen zukommt, ist nach Augustinus [3] und der
allgemeinen Lehre der Theologen eine Wirkung des Sacramentes (res
sacramenti), ja wird darum häufig schlechtweg nach dem Vorgange des
hl. Augustinus Sacrament genannt. Wenn demnach auch die ohne den
Priester geschlossenen Ehen an dieser sacramentalen Festigkeit theilnehmen,
so müssen sie ebenso wie die übrigen ein wahres Sacrament sein. Aus
den Beschlüssen des Tridentinums folgt mithin nothwendig, daß jede
Ehe unter Christen ein Sacrament ist. Pius IX. hat also durch die
Verwerfung des obigen Irrthums nichts anderes gethan, als die Erklä=
rung der allgemeinen Synode vor aller Abschwächung und falschen Deu=
tung gesichert.

93. Dieß mag hier genügen; die weitern Beweise sind in der
Controverse über den Ausspender des Ehesacramentes so oft schon ent=
wickelt [4], daß wir füglich darauf verweisen können, um uns nicht in
weitere Erörterungen einzulassen. Was den Charakter betrifft, welcher
der hier auseinander gesetzten Wahrheit zukommt, so belehrt uns dar=
über Pius IX. hinlänglich mit den Worten: „Es ist Dogma des
Glaubens, daß die Ehe von unserm Herrn Jesus Christus zur Würde

---

[1] Caus. XXVIII. q. 2. in fine.
[2] So sagt Cicero de nat. deorum 2, 20: astrorum in omni aeternitate
ratos et immutabilis cursus esse.
[3] De nupt. I. c. 10. n. 11. Auch das Tridentinum schreibt der Gnade eine
Festigung der Ehe zu.
[4] Peronne, de matr. I. 48 sq. Phillips, Lehrbuch des Kirchenrechts. II. 950.

eines Sacramentes erhoben wurde, und es ist Lehre der katholi=
schen Kirche, daß das Sacrament nicht eine accidentell zum Contracte
hinzutretende Eigenschaft ist, sondern zum Wesen der Ehe selbst gehört,
so zwar, daß die eheliche Vereinigung unter Christen nicht gesetzmäßig
ist außer im Ehesacramente."

Man könnte nun noch weiter fragen, ob Pius IX. die genannte
Streitfrage entschieden und die Meinung verworfen habe, welche den
Priester als Spender des Ehesacramentes hinstellt. Es scheint dieß frei=
lich der Fall zu sein und wird von Peronne [1] und Dieringer [2] be=
hauptet. Denn aus den Worten des Papstes folgt nothwendig, daß,
wenn eine gültige Ehe ohne Priester geschlossen wird, diese ein wahres
Sacrament und mithin in diesem Falle nicht der Priester Spender des
Sacramentes ist. Trotz solcher Autoritäten glauben wir, jene Meinung
sei nicht unbedingt verworfen. Man könnte sie wohl noch in dem Sinne
Maldonats vertheidigen. Derselbe behauptete nämlich, der Priester sei
der ordentliche, die Eheleute aber die außerordentlichen Spender des
Ehesacramentes; bei der Ehe walte ein ähnliches Verhältniß ob, wie bei
der Taufe; je nachdem sie mit der von der Kirche vorgeschriebenen Feier=
lichkeit oder ohne dieselbe vorgenommen werde, sei auch der minister
sacramenti (Spender des Sacramentes) verschieden. Bei dieser Ansicht,
scheint uns, könnte man die von der Kirche vorworfenen Irrthümer ver=
meiden, nicht aber den Vorwurf einiger Inconsequenz, und so hat jeden=
falls die Meinung, der Priester sei Spender des Ehesacramentes, durch
das Urtheil Pius' IX. einen bedeutenden Stoß erlitten. Aus der Ver=
werfung der 65. 66. und 73. These folgt nothwendig auch die Ver=
werfung des 68. 69. 70. 71. und 74. Satzes. Erörtern wir vorerst
den letztern, welcher also lautet:

"Die Ehesachen und Verlöbnisse gehören ihrer Natur nach vor das
weltliche Gericht."

94. Wie verwerflich dieser Satz vom katholischen Standpunkt ist,
geben selbst die Gegner der katholischen Kirche zu. "Als die Papisten",
sagt Calvin [3], "dieß (die Erhebung der Ehe zum Sacrament) einmal
durchgesetzt hatten, zogen sie die Gerichtsbarkeit über die Ehe an sich,
weil eine geistliche Sache von weltlichen Richtern nicht behandelt werden

---

[1] De matrim. l. p. 167.
[2] Er hält wenigstens die gegentheilige Ansicht für bedenklich.
[3] Instit. Christ. Relig. l 4. c. 19. n. 37.

durfte." Dasselbe sah auch Nuyts ein. Denn warum stellte er die
unerhörte, so klar dem Dogma widerstrebende Behauptung auf, die Ehe
selbst sei kein Sacrament? Er wollte die Ehe der Gesetzgebung und
Gerichtsbarkeit der Kirche entziehen, sah aber ein, daß dieses unmöglich
mit dem sacramentalen Charakter der Ehe harmonire. Ein Sacrament
ist und bleibt eine heilige Sache, die als solche die politische Gewalt
nichts angeht. Darum erklärt denn auch die unfehlbare Synode von
Trient klar und ausdrücklich: „Wer da sagt, die Ehesachen gehörten
nicht vor die geistlichen Richter, der sei im Banne", und Pius hat durch
die Verwerfung der obigen These nichts anderes gethan, als die Lehre
des Tridentinums wieder eingeschärft. Es ist freilich wahr, die Synode
spricht weder ausdrücklich vom Verlöbniß, noch ob die Ehesachen ihrer
Natur nach zur geistlichen Gerichtsbarkeit gehören. Aber Beides ist
in ihrem Canon einschließlich enthalten und über den ersten Punkt außerdem von Pius VI. in der Bulle: **Auctorem fidei** (n. 58) folgende
Erklärung abgegeben:

> „Die These (der Synode von Pistoja), welche festsetzt, „daß eigent-
> liche Verlöbnisse einen rein bürgerlichen Act ausmachen, der zur Ein-
> gehung der Ehe vorbereitet, und dieselben der Bestimmung der welt-
> lichen Gesetze gänzlich unterliegen"; als ob der auf ein Sacrament
> vorbereitende Act in dieser Beziehung nicht der Gerichtsbarkeit der
> Kirche unterliege, ist falsch, verletzt das Recht der Kirche in Bezug
> auf die auch aus den Verlöbnissen kraft der canonischen Bestimmun-
> gen fließenden Wirkungen und derogirt der von der Kirche aufge-
> stellten Disciplin."

95. So weit Pius VI., und mit Recht; denn das Verlöbniß ist
nichts anderes als das Versprechen der Ehe, und das Versprechen folgt
der Natur und dem Forum des versprochenen Gegenstandes; ist dieser
als Sacrament etwas Geistliches, so auch das Versprechen. Mithin ist
derselbe Richter competent über das Verlöbniß zu urtheilen, dem die
Gerichtsbarkeit über die Ehe zusteht. Aber auch der zweite Punkt, daß
die Ehe ihrer Natur nach und nicht bloß durch zeitweilige Vergünstigung des Staates vor den geistlichen Richter gehöre, ist einschließlich
in dem obigen Canon enthalten, weil derselbe, wie wir später zeigen
werden, rein dogmatisch ist. Dieß ergibt sich ferner aus dem, was die
Gegner über die Folgerichtigkeit der katholischen Anschauung denken.
Auch sie geben zu, daß, falls die Ehe wirklich ein Sacrament wäre, die
geistliche Gerichtsbarkeit über die Ehe, wie über die andern Sacramente,

aus der Natur der Sache sich ergäbe. Das behaupten endlich die Päpste, wenn sie für die Kirche das Recht über die Ehe in Anspruch nehmen. Man sehe nur das Breve Pius' VI. an den Bischof von Motula, worin der Papst den genannten Punkt beweist und sich hiefür auf das einstimmige Urtheil der Canonisten beruft [1], „dem selbst diejenigen beipflichteten, welche nichts weniger als günstig gegen die Rechte der Kirche gestimmt waren. Denn, wie van Espen sagt, es ist einstimmig angenommen, daß die auf Sacramente bezüglichen Sachen rein kirchlich sind und daß sie, was ihre Substanz betrifft, einzig und allein vor den geistlichen Richter gehören, und daß der weltliche Richter nichts über ihre Gültigkeit oder Ungültigkeit bestimmen kann, weil diese ihrer Natur nach rein geistlich sind. Und in der That, falls die Gültigkeit der Ehe selbst in Frage kommt, ist nur der geistliche Richter competent und er allein kann über diese Frage urtheilen." Wie Pius VI., sprechen auch Pius VIII. und Gregor XVI., dieser in der Encyclica Mirari vom 15. August 1832, jener in der vom 24. Mai 1829 an die Bischöfe der gesammten Welt, „die Ehe sei den heiligen Dingen beizuzählen und unterliege deßhalb ganz und gar der Kirche."

Doch verweilen wir nicht bei dieser allzuklaren Sache; machen wir noch auf eine andere Folgerung aufmerksam, die übrigens schon in den angeführten Worten van Espen's enthalten ist: wenn, wie alle Sacramente, so auch die Ehe, ihrer Natur nach der kirchlichen Gesetzgebung und Gerichtsbarkeit untersteht, so folgt mit Nothwendigkeit, daß sie in soweit der Gesetzgebung und Gerichtsbarkeit des Staates entzogen ist; man müßte sonst auch dem Staate Gewalt über die Sacramente einräumen.

96. Wie also? Hat der Staat nichts mit der Ehe zu schaffen? Hierauf erwiedert Pius IX. in dem oben erwähnten Briefe an Victor Emmanuel: „Der Kaiser behalte, was des Kaisers ist und lasse der Kirche, was der Kirche ist. Die bürgerliche Gewalt treffe immerhin ihre Bestimmungen über die bürgerlichen Wirkungen, welche von der Trauung herrühren, aber sie lasse die Kirche deren Gültigkeit unter Christen bestimmen." Der Papst will also durchaus nicht in das Gebiet der Staatsgewalt eingreifen, welche die bürgerlichen Wirkungen der Ehe, die Güterverhältnisse der Eheleute, die Erbfolge u. s. w. regeln soll; verlangt dafür aber,

[1] Avogadro l. c. IV. 239.

daß der Staat der Kirche anheimstelle, über das Band der Ehe zu ur=
theilen, das schon seiner Natur nach etwas Sittlich=Religiöses ist, dann
aber durch die Erhebung der Ehe zum Sacrament noch eine besondere
Weihe erhielt. Daraus nun, daß die Ehe überhaupt der Gesetzgebung
und der Gerichtsbarkeit der Kirche untersteht, folgt die Gewalt der Kirche,
trennende Ehehindernisse festzusetzen [1]. Auch dieses wurde vom Triden=
tinum unter Androhung des Bannes erklärt, und dann von Pius VI.
in der von der gesammten Kirche angenommenen Bulle Auctorem fidei
wieder eingeschärft, nichtsdestoweniger von dem peruanischen Priester und
Bibliothekar Fr. Vigil durch folgenden Satz in Frage gestellt:

> These 68. „Die Kirche hat keine Gewalt, trennende Ehehinder=
> nisse aufzustellen, sondern diese Gewalt steht der Staatsbehörde zu,
> von welcher die bestehenden Hindernisse aufzuheben sind."

97. Es ist nicht schwer, ihn zu widerlegen. Er wie auch Launoi
und Consorten, denen er gefolgt ist, nehmen an, daß wirklich eine Ge=
walt bestehe, welche nicht nur die Eingehung der Ehe verbieten, sondern
trennende Ehehindernisse, d. h. Bedingungen, von denen die Gültigkeit
der Ehe abhängig ist, setzen könne. Sie gehen hierbei von der ganz rich=
tigen Voraussetzung aus, daß eine solche Gewalt zum Wohle der mensch=
lichen Gesellschaft nothwendig und darum von Gott gewiß auch ange=
ordnet sei. Die ganze Streitfrage dreht sich nur um den Punkt, wem
diese Gewalt zukomme, dem Staate oder der Kirche. Die Antwort kann
nach dem Gesagten nicht zweifelhaft sein; wir zeigten nämlich, daß die
Gesetzgebung über die Ehe, über die Gültigkeit und Ungültigkeit dieses
Sacramentes, über den Bestand des Ehebandes nur der Kirche und nicht
dem Staate zukomme.

Fügen wir einen andern Beweis hinzu, der uns noch besser mit
der Gewalt der Kirche über die Ehe bekannt macht. Es ist nämlich der
übernatürlichen Ordnung eigen, daß sie die natürliche nicht zerstört, son=
dern nur über alle geschöpfliche Kraft und Gebühr erhebt. Die Ehe
hat mithin durch ihre sacramentale Weihe ihre natürlichen Eigenschaften
nicht verloren, sie ist und bleibt also eine durch freiwilliges Uebereins
kommen, d. i. durch einen Vertrag entstandene Lebensgemeinschaft zwi=

---

[1] Ueber diese Gewalt der Kirche sind in neuerer Zeit mehrere vortreffliche Werke
erschienen: De impedimentis matrim. Ed. II. Lovanii 1820. Martin, de matr.
et potest. ipsum dirimenti Ecclesiae soli eccl. propria. Peronne, de matrim.
tom. secund. Besondere Beachtung verdient auch die mit großem Beifall aufge=
nommene Schrift Heusers: De potest. statuendi imped. dirim. soli Eccl. propria.

schen Mann und Weib. Dieser Ehevertrag ist freilich himmelweit von den bürgerlichen Verträgen verschieden und noch mehr durch den sacramentalen Charakter, den er durch Christus erhalten, aus der Reihe der irdischen Verträge emporgehoben, nimmt aber nichtsdestoweniger an allen wesentlichen Bedingungen eines Contractes Theil. Was folgt hieraus? Daß der Ehevertrag wie alle andern Verträge einer obrigkeitlichen Gewalt unterliegt, die ihn allseitig regeln darf, und nicht nur unter gewissen Umständen verbieten, gewisse Förmlichkeiten zu seiner Eingehung vorschreiben, sondern auch um wichtiger Gründe willen seine Gültigkeit von gewissen Bedingungen abhängig machen kann. Da er aber wesentlich Sacrament und mithin etwas Geistliches ist, so kann dieß, wie schon gesagt, nur der Kirche zukommen. Wie darum der Staat gewisse Förmlichkeiten, z. B. bei Hypotheken, Testamenten, unter Strafe der Ungültigkeit für die Nichtbeobachtung angeordnet, gewisse Personen, als da sind: Mündel, Bürgerlichtodte, Verschwender, Frauen, wenigstens für bestimmte Fälle und Verträge, unfähig zum Contrahiren erklärt hat, darf auch die Kirche ein Gleiches mit dem ihrer Gesetzgebung unterstehenden Ehevertrag thun, sie darf also trennende Ehehindernisse aufstellen. Hiermit bleibt die katholische Lehre bestehen, daß die Kirche an und für sich nichts über das Wesen der Sacramente vermag. Diese sind nämlich unmittelbarer göttlicher Einsetzung und wirken, wenn das von Gott angeordnete Zeichen zu Stande kommt und der Empfänger von seiner Seite kein Hinderniß setzt, unfehlbar die Gnadenspende, ohne daß es die Kirche wehren kann. Darum vermag auch diese nicht, wo der von Christus zum Sacramente erhobene Ehevertrag wirklich und gültig zu Stande kommt, zu hindern, daß das Ehesacrament gespendet wird. Aber die Kirche bewirkt eben durch die von ihr gesetzten Ehehindernisse, daß bei deren Nichtbeachtung der Vertrag in gültiger Weise nicht zu Stande kommt; sie macht, wie sie sagt, die Brautleute in diesem Falle unfähig zu contrahiren, d. h. den Vertrag zu schließen, und hindert so auch, daß das Ehesacrament gültig gespendet wird.

98. Daß die Kirche die Macht hat, trennende Ehehindernisse zu setzen, erhellt endlich aus einer dem alten Testamente entlehnten Analogie. Im Buche Leviticus waren nämlich nicht nur natürliche, sondern auch außerdem noch positive Ehehindernisse festgestellt, die aber mit Aufhebung der mosaischen Gesetzgebung für die Christen nicht mehr verpflichteten. Wie nun? Sollte das Christenthum in der Ehegesetzgebung unvollkommener sein als das Judenthum, das so Manches der menschlichen Herzenshärte

in Betreff der Ehe gestattete? Wie könnte es sich aber dann noch rühmen, eine Vervollkommnung des mosaischen Gesetzes zu sein? Man denke nur an die Ehen innerhalb gewisser Verwandtschaftsgrade, die von der Natur freilich nicht strenge verboten, aber doch immerhin entschieden mißbilligt werden, und die deßhalb auch im mosaischen Gesetze unter Strafe der Ungültigkeit verpönt waren. Hätte nun die Kirche nicht von Gott die Gewalt empfangen, ähnliche Gesetze zu erlassen, so müßte man sagen, das Christenthum erheische in dieser Beziehung eine weniger vollkommene Befolgung des Naturrechtes, als das mosaische Gesetz, seine Vorschule. Man darf hiergegen nicht einwenden, daß Gott selbst bei den Juden jene Ehehindernisse angeordnet; denn die Regierung der Gläubigen, die der Herr im alten Bunde so vielfach unmittelbar und in außerordentlicher Weise durch inspirirte Propheten ausübte, geschieht im neuen Bunde mittelbar durch seine vom heiligen Geiste unfehlbar geleitete Kirche, welche ihre Gewalt von Christus empfangen hat.

99. Im Bewußtsein solcher Macht hat denn auch diese makellose Braut Christi von den ersten Jahrhunderten an trennende Ehehindernisse gesetzt, und nichts ist falscher als die von Nuyts aufgestellte 69. These:

„Die Kirche hat in späteren Jahrhunderten erst begonnen, trennende „Ehehindernisse aufzustellen, nicht kraft eigenen Rechtes, sondern in= „dem sie von jenem Rechte Gebrauch machte, welches sie von der „Staatsgewalt entlehnt hatte."

Nuyts versteht unter diesen spätern Jahrhunderten die finstern Zeiten des Mittelalters. Er behauptet, vor dem 9. Jahrhundert habe die Kirche keine trennenden Ehehindernisse aufgestellt [1]. Die Widerlegung ist unschwer. Schon die ersten kirchlichen Synoden, deren Canones auf uns gekommen sind, stellen Ehehindernisse auf. Man kann freilich aus den Worten dieser Beschlüsse nicht immer entscheiden, ob es trennende oder bloß aufschiebende Ehehindernisse waren, dennoch gibt es einige Canones, deren Ausdrücke gar keinen Zweifel übrig lassen. So der zweite Canon der Synode von Neocäsarea, die nach der gewöhnlichen Angabe in das Jahr 314 oder 315, nach Hefele einige Jahre später fällt, jedenfalls aber noch vor 325 gefeiert wurde. Dieser Canon lautet: „Wenn eine Frau zwei Brüder heirathet, soll sie bis zu dem Tode ausgeschlossen werden; in der Todesgefahr aber soll sie aus Mitleid, wenn sie verspricht, im Falle der Wiedergenesung jene unerlaubte Ver=

---

[1] Ai suoi concittadini p. 151.

bindung zu lösen, der Buße theilhaftig werden." Diese Worte sind klar, das Concil wollte durchaus, daß die unerlaubte Verbindung getrennt würde. Damals verbot aber die weltliche Gesetzgebung noch nicht die Ehe mit dem Schwager. Erst 355 untersagte der Kaiser Constantius zu Rom solche Ehen [1]; das Gleiche that später Theodosius der Große für den Orient. Daß das Concil von Neocäsarea dieses trennende Ehehinderniß nur mit Bewilligung des Staates aufgestellt habe, ist gänzlich aus der Luft gegriffen. Zur Zeit des Concils regierte im Orient der heidnische Kaiser Licinius.

100. Der hl. Basilius erwähnt dasselbe Ehehinderniß der Schwägerschaft als ein trennendes in dem Briefe an Diodor [2]: „Als das Erste, worauf in solchen Dingen am meisten zu achten ist, können wir die bei uns herrschende Gewohnheit entgegenhalten, welche Gesetzeskraft hat, weil die Regeln uns von heiligen Männern überliefert wurden. Jene Gewohnheit besteht aber darin, daß wenn Jemand, durch das Laster der Unkeuschheit besiegt, in die unerlaubte Verbindung mit zwei Schwestern hineingerathen ist, das weder als Ehe geachtet wird, noch sie überhaupt in die Gemeinschaft der Kirche zugelassen werden, bevor sie von einander getrennt sind." In dem ganzen Briefe beruft sich Basilius nirgends auf ein weltliches Gesetz, sondern zunächst und hauptsächlich auf die alte Ueberlieferung heiliger Männer, welche Gesetzeskraft habe. Er schrieb diesen Brief im Jahre 373, also vor dem oben berührten Gesetze des Theodosius. Constantius hatte freilich 355 die gleichen Ehen verboten, aber Basilius erwähnt dieses durchaus nicht, entweder weil das an den Vicarius urbis (Rom's) erlassene Gesetz nicht für den Orient galt oder nicht für Basilius maßgebend war. Was ihn aber bestimmte und, wie er hinzusetzt, für sich allein schon „hinreichte, wenn auch nichts anderes könnte gesagt werden", war die Ueberlieferung der heiligen Väter.

101. Papst Siricius bestimmte [3] unter Berufung auf die Ueberlieferung unter mehreren Punkten auch folgenden: „Wenn eine gottgeweihte Jungfrau.... entweder heimlich Incest begangen oder zur Bemäntelung ihres Verbrechens dem Ehebrecher (ihrem Mitschuldigen) den Namen eines Ehemannes gegeben hat...,

---

[1] Godofredi Cod. Theod. ed. Lips. I. 337.
[2] II ep. 160. Ed. Migne t. 32. p. 623
[3] Coustant l. c. p. 688.

soll sie so viel Jahre als möglich (ihre Schuld) beweinen." Der Canon handelt von dem Attentat einer Ehe, welches eine gottgeweihte Jungfrau versucht, und nennt den Mitschuldigen nicht Gatten, sondern Ehebrecher, die Verbindung selbst aber ein Verbrechen, einen Inceft. Siricius hielt mithin die Ehe für völlig ungültig. Gerade so stellt sein Nachfolger Innocenz eine solche Ehe ganz und gar in eine Reihe mit derjenigen, welche nach einer Ehescheidung zu Lebzeiten des entlassenen Gatten eingegangen wird, und will deßhalb, der Schuldigen solle erst nach dem Tode ihres Mitschuldigen, mit dem sie zusammenlebte, die Kirchenbuße gestattet werden. Wäre die Ehe gültig gewesen, hätte sie auch früher zur Wohlthat der Buße zugelassen werden können [1]. Um die gleiche Zeit verordnet deßhalb das erste Concil von Toledo, eine gottgeweihte Jungfrau, welche einen Mann genommen, solle nicht zur Buße zugelassen werden, es sei denn, daß der Mann gestorben oder sie zu dessen Lebzeiten angefangen habe, keusch zu leben c. 16 (sich von ihm getrennt hat c. 19). Ebenso deutlich erklärt das zweite Concil von Tours (567), mit Berufung auf die Worte des Papstes Innocenz und die Beschlüsse der Väter, von solchen Jungfrauen, die heiratheten: „Welche lieber im Schmuße des schlechten Umganges verharren und sich (vom Mitschuldigen) nicht trennen wollen, müssen auf immer excommunicirt werden" c. 20.

Ziehen wir aus dem Gesagten den Schluß, daß die Kirche schon in den ersten Jahrhunderten trennende Ehehindernisse setzte und zwar aus eigener Machtvollkommenheit, ohne Bewilligung des Staates, denn nicht hierauf berufen sich Siricius, Innocenz, Basilius, sondern auf die Ueberlieferung und auf theologische Gründe. Auch war in jener Zeit kein weltliches Gesetz, das jene Ehe mit gottgeweihten Personen für ungültig erklärte, obwohl Jovian sie streng verpönt hatte. (Godofred. Cod. Theod. III. 218.)

Wie unabhängig die Kirche in der Ehegesetzgebung vorangegangen ist, zeigen Calirt I. und Gregor I. Der Letztere verbietet in seinem Briefe an Augustinus [2] vom Jahre 601 die Ehen im zweiten Grade der Verwandtschaft, obwohl er sich bewußt ist, daß das römische Gesetz sie gestatte. Calirt dagegen erkennt die Ehen zwischen Sklaven und Freien

---

[1] Coustant l. c. p. 755.

[2] Ueber die Aechtheit dieses von Dupin und Böhmer bestrittenen Briefes siehe die Noten der Mauriner in ihrer Ausgabe; ebenso Guffanvilla in der von ihm besorgten Edition der Werke Gregors; Ballerini, Opera S. Leonis. t. III. p. CCXLIV.

als rechtmäßig an, obwohl sie nach den weltlichen Gesetzen ungültig waren.

102. Zum Ueberfluß wollen wir jedoch für die katholische Wahrheit die gallischen Concilien anführen, auf welche die Gegner sich zu berufen pflegen. Es wird daraus erhellen, wie unverschämt diejenigen unter ihnen sind, welche aus den Quellen geschöpft, und wie gedankenlos die andern aus ihnen abgeschrieben. Die Bischöfe, welche sich zu Epaona im J. 517 „über die alten Canones (regulas) und die neuen Zweifel" beriethen, setzten unter ihren bischöflichen Beschlüssen (constitutiones sacerdotum) Folgendes im 30. Canon fest: „Den blutschänderischen Verbindungen gewähren wir keine Verzeihung, es sei denn, daß sie die Unzucht durch Trennung geheilt hätten." Nachdem sie nun die verbotenen Grade der Verwandtschaft aufgezählt, setzen sie hinzu: „Wie wir das für die Zukunft verbieten, so trennen wir die bis dahin geschlossenen (Ehen) nicht." Entweder waren damals die genannten Hindernisse vom Staate angeordnete oder nicht; im ersten Falle erhellt die Gewalt der Kirche aus der Dispens, die sie für die bereits geschlossenen Ehen ertheilt; im zweiten Falle dagegen aus der eigenmächtigen Festsetzung von trennenden Hindernissen für die Zukunft. Uebrigens ist in den gesammten Acten auch nicht die geringste Spur zu ersehen, daß die Bischöfe durch eine weltliche Autorität zu ihrer Entscheidung bestimmt seien[1]. Der 10. Canon des dritten Concils von Orleans liefert ganz denselben Beweis für die kirchliche Gewalt, da er auf der einen Seite die Trennung der mit gewissen Hindernissen geschlossenen Ehen befiehlt, anderseits aber Dispens denjenigen gewährt, welche solche Verbindungen eingegangen hatten, ohne von „den Bestimmungen der Väter durch die priesterliche Predigt" Kenntniß erlangt zu haben. Die Entscheidung darüber sollte den betreffenden Bischöfen zustehen. Nirgends beruft sich das Concil auf die weltliche Autorität, wohl aber auf „statuta patrum, canones, sacerdotum interdicta"[2]. Das zweite Concil von Mâcon (585) setzte eigenmächtig in seinem 16. Canon ein trennendes Ehehinderniß für die Wittwen der Subdiakonen, Exorcisten und Akolythen[3]. „Kaum gibt es", sagt hierüber Natalis Alexander, „einen deutlicheren Beweis, daß die Kirche kraft eigenen Rechtes und eigener Gewalt trennende Ehehindernisse anordnen kann"[4].

---

[1] Harbouin II. 1050. [2] Harbouin I. c. 1425. [3] Harbouin III. 464.
[4] Histor. eccl. in saec. VI. c. 5. a. 29.

103. Was die Gegner, von Sarpi, de Dominis und Launoi an bis auf unsere Tage, hiergegen aus der Geschichte einwenden, ist kurz Folgendes: Die christlichen Kaiser haben schon im vierten Jahrhunderte und dann auch später noch ohne den geringsten Anstand Eheverbote erlassen — und zwar unter Bewilligung der hl. Väter und Synoden, welche sie sogar zu solchen Verboten antrieben und sich in ihren Beschlüssen darauf beriefen. Es geht also hieraus hervor, daß die Kirche nicht in sich, sondern in den weltlichen Fürsten die Gewalt erkannte, Ehehindernisse zu setzen. So die Gegner. Doch nur eine oberflächliche Anschauung der Kirchengeschichte konnte zu diesem Resultate führen. Sehen wir uns die Sache näher an, so kommen wir zum geraden Gegentheil.

Die Kirche hat von jeher gewünscht, daß der Staat durch seine Gesetzgebung ihre Eheverbote bestätige, nicht als ob die kirchlichen Gesetze ohne Bewilligung der weltlichen Regierung keine verpflichtende Kraft für die Gläubigen hätten, sondern um denselben auch im äußern Leben Nachdruck und größere Geltung zu verschaffen. So haben schon die Väter des Concils von Karthago gethan, als sie beschlossen, den Kaiser zu bitten, er möchte durch ein weltliches Gesetz die durch evangelische und apostolische Lehre untersagte Wiederverheirathung des geschiedenen Gatten zu Lebzeiten des andern Ehetheiles verbieten. Glaubten etwa die Väter, die Worte Christi und der Apostel hätten ohne das weltliche Gesetz keine verpflichtende Kraft? Lächerlich wäre solche Behauptung. Auf gleiche Weise hat noch Pius IX. gehandelt, indem er im österreichischen Concordate die Annahme der kirchlichen Ehegesetzgebung von Seiten des Staates sich ausbedungen hat.

104. Auf diese Zumuthung, welche sich aus der Idee des christlichen Staates, der verkörperten Harmonie zwischen der weltlichen und geistlichen Gewalt, herleitet, sind die christlichen Fürsten eingegangen und sie haben wie im Allgemeinen, so ganz besonders in Ehesachen der kirchlichen Gesetzgebung und Anschauung ihren weltlichen Arm geliehen [1]. Die Pflicht der Fürsten, die Canones zu schützen, spricht wiederholt Justinian in den allgemeinsten Ausdrücken aus. Wir machen nur auf die 137. Novelle aufmerksam: „Wenn wir bestrebt sind, daß die weltlichen Gesetze, deren Gewalt uns Gott.... anvertraut hat, zur Sicherheit der Gehorchenden von Allen unverbrüchlich befolgt werden, wie viel größere Sorgfalt müssen wir nicht auf die Beobachtung der hl. Canones und

---

[1] Siehe über die Frage Peronne, de matr. II. 371.

der göttlichen Gesetze anwenden, die zum Heile unserer Seele bestimmt wurden? Denn welche die hl. Canones beobachten, sind würdig der Hülfe Gottes; welche sie aber übertreten, machen sich selbst des Gerichtes schuldig." Demgemäß erläßt er das fragliche Gesetz, „auf das, was durch die hl. Canones definirt ist, dringend." Nach der Trullanischen Synode, welche bekanntlich die Grundlage für das griechische Kirchen= recht bildet und auch mehrere Eheverbote aufstellt, unterschrieben die Bischöfe die Acten als solche, welche die Beschlüsse gefaßt, der Kaiser Justinian II. aber als einer, der dieselben annimmt, sich ihnen unter= wirft. Diese Unterschriften zeigen, was selbst im byzantinischen Reiche als rechtsgültiges Verhältniß bestand, und wir können hieraus leicht ab= nehmen, wie es in der abendländischen Kirche gehalten wurde. Doch liegen auch hier manche Zeugnisse vor. Speciell in Bezug auf die Ehe sprechen die germanischen Gesetzbücher aus, den Canones folgen zu wol= len. So beruft sich das longobardische Gesetz mehrmals auf die Canones, wo es von den verbotenen Ehen handelt. Ebenso heißt es in einem Capitulare Karlmann's [1]: „Wir verordnen, daß, nach den Beschlüssen der Canones, Ehebrüche und Ehen unter Verwandten, die nicht gesetz= mäßig sind, verboten und nach dem richterlichen Ausspruche der Bischöfe bestraft werden."

105. Das den weltlichen Fürsten zustehende Schutzrecht der Kirche, vermöge dessen sie die kirchliche Ehegesetzgebung bestätigt und ihre Macht zu deren Ausführung aufgeboten haben, wurde häufig mißbraucht, und auch ein Anfänger in der Geschichte weiß, daß die oströmischen Kaiser sich die schmählichsten Uebergriffe in kirchliche Angelegenheiten erlaubt haben. Besonders konnte dieß leicht in den Ehesachen geschehen; denn einestheils steht auf Grund der bürgerlichen Wirkungen der Ehe und wegen der Pflicht eines christlichen Fürsten, unrechtmäßige, von der Natur oder der Religion verworfene Verbindungen zu hindern, eine gewisse Regelung der Eheverhältnisse der weltlichen Gewalt zu, anderntheils mochte auch das Beispiel der heidnischen Kaiser, welche ungestraft als Pontifices maximi sich auch über die Ehe die Gesetzgebung angeeignet hatten, verführerisch wirken und konnte selbst gut gesinnte Herrscher irre leiten. Denn es bedurfte lange, lange Zeit, ehe das gesammte Staats= recht vom christlichen Geiste durchdrungen war. Darum beweisen ein= zelne Fälle von Aufstellung der Ehehindernisse seitens der Kaiser wenig

---

[1] Capit. II. c. 3. Collect. Baluziana t. I. p. 189.

ober gar nichts; es wäre zu zeigen, daß das Christenthum den welt=
lichen Fürsten die Macht zugesprochen habe, selbstständig ohne Mitwirkung
der Kirche trennende Ehehindernisse, welche im Gewissen verpflichteten
und nicht bloß die bürgerliche Ungültigkeit festsetzten, aufzustellen. Das
aber hat noch Niemand gethan; viel weniger haben die Gegner erwie=
sen, daß die Kirche selbst niemals dieses Recht in den früheren Jahr=
hunderten ausgeübt, wir haben vielmehr das Gegentheil oben gezeigt.

Aber, erwiedert man, Väter und Synoden berufen sich für ihre
Eheverbote auf weltliche Gesetze, wie Ambrosius im Briefe an Pater=
nus, das oben erwähnte Concil von Tours bei dem Verbote der Ehen
gottgeweihter Jungfrauen. Nun, was beweist dieses? Die Väter thun
dasselbe, was die Pastoralklugheit noch jetzt jedem eifrigen Hirten be=
fiehlt. Wenn Jemand eine verbotene Ehe eingehen will, wie soll Jener
mit einem Solchen verfahren? Er wird, nachdem er die aus der Reli=
gion entnommenen Beweggründe ihm vorgestellt, schließlich auf die welt=
lichen Gesetze aufmerksam machen und mit Ambrosius sagen: „Wenn die
Gesetze der Religion dir unbekannt sind oder dich nicht bewegen, so
sollten wenigstens die Verbote der Kaiser dich abschrecken.“ Ganz aus
demselben Grunde erhellt, daß weder Siricius [1], noch Leo I. [2], noch
das erste Concil von Tours [3], noch das zweite vom Lateran [4] den
geringsten Beweis für die Gegner bieten, wenn sie gegen die verbotenen
Ehen außer den göttlichen und kirchlichen Satzungen noch
der weltlichen Gesetze Erwähnung thun. Wenn man einen Dieb an
das siebente Gebot und nebenbei auch an die staatlichen Strafgesetze
mahnt, will man dadurch zu verstehen geben, das siebente Gebot habe
seine verpflichtende Kraft erst durch die letztern erlangt? Oder wem
würde solches in den Sinn kommen? Selbst wenn wir jenem Diebe,
ohne vom göttlichen Gesetze etwas zu sagen, nur mit der weltlichen Ge=
walt drohten, dürfte uns Niemand der Ansicht beschuldigen, das siebente
Gebot verpflichte nicht aus sich selbst. Die Gegner haben darum kein
Recht, aus den Worten des oben erwähnten Concils von Mâcon —
die katholische Kirche verabscheut die blutschänderische Verbindung, welche
die Gesetze eine Ehe zu nennen verbieten (can. 18) — aus diesen Wor=

---

[1] Ep. ad Himerium Constant p. 629.
[2] Ep. ad Rusticum.
[3] C. 20. 21. Hardouin t. III. p. 362. 364.
[4] Can. 3. Hardouin t. VI. p. 2. col. 1111.

ten sage ich, den Schluß zu ziehen, das Concil habe damit dem Staate ausschließlich die Gewalt beigelegt, trennende Ehehinderniſſe zu ſetzen. Dieß gilt ſelbſt für den Fall, daß die Väter mit dem Worte leges nur die Staatsgeſetze hätten bezeichnen wollen. Wir gehen aber nicht irre, wenn wir behaupten, das Concil habe mit dieſem Einen Worte zugleich die Beſtimmungen des göttlichen Geſetzes (im Buche Leviticus), des Codex Theodosii und die kirchlichen Canones bezeichnen wollen. Alle dieſe verboten die genannten Verbindungen und waren wenige Jahre vorher auf einem andern galliſchen Concil (dem zweiten von Tours im 21. Canon) zuſammengeſtellt worden. Welchem von dieſen beiden Fac- toren, die in dem fraglichen Punkte der Ehegeſetzgebung Hand in Hand gingen, dem religiöſen oder dem politiſchen, die entſcheidende Gewalt zukomme, trennende Ehehinderniſſe zu ſetzen, will das Concil von Mâcon mit den genannten Worten gewiß nicht entſcheiden und kann deßhalb auch nicht daraus gefolgert werden. Doch genug von dieſer Synode, welche, wie wir oben geſehen, den deutlichſten Beweis für die kirchliche Gewalt in Eheſachen bietet [1].

106. Bevor wir weiter gehen, müſſen wir noch von dem Geſetze Theodoſius' des Großen ſprechen, das die Ehe zwiſchen Geſchwiſterkin-

---

[1] Der Kürze halber übergehen wir die von den Gegnern bisweilen mißbrauch- ten Worte Nikolaus' I. (resp. ad Bulg. n. 2.); ſie können nach dem Geſagten und mit Berückſichtigung des Zuſammenhanges leicht erklärt werden. Wir können uns jedoch nicht enthalten zwei Argumente hier zu erwähnen, die wir den „tiefen Stu- dien“ Nuyts verdanken. Derſelbe citirt nämlich für ſeine von Rom verworfene Theſe folgende Stelle des hl. Auguſtinus „Can. 17. caus. 28, qu. 1. Legitimum non est conjugium, quod legali institutione, vel provinciae moribus non contra- hitur.“ Aber der Profeſſor der Decretalien verwechſelt 1) in dieſer Citation den can. 17. mit dem der qu. 1. zugefügten dictum Gratiani, 2) beachtet er nicht, daß die fraglichen Worte nicht mehr zu der von Gratian citirten Stelle des hl. Au- guſtinus gehören, ſie werden ſomit von ihm fälſchlich dieſem Vater beigelegt, 3) be- weiſen dieſe Worte nicht, was Nuyts beweiſen will, daß der Staat das Recht habe, ganz unabhängig von der Kirche trennende Ehehinderniſſe zu ſetzen. Noch ſchlim- mer ergeht es Nuyts, wenn er für ſeine Behauptung neben andern Concilien auch das Concil von Angers vom J. 506 anführt. (Ai suoi concittadini p. 136.) Denn 1) überſetzt er „Civitas Agathensis“ fälſchlich mit Angers ſtatt mit Agde; 2) gehört der fragliche 61. Canon gar nicht dem Concilium Agathense, ſondern dem Epaonense an, wie ſchon Sirmond gezeigt hat; 3) iſt dort nicht im aller- geringſten der weltlichen Geſetze Erwähnung gethan. (Siehe was oben n. 102 über die Synode von Epaona geſagt iſt.) Drei Verſtöße in einem einzigen Wort, das iſt doch etwas zu arg. Uebrigens werden wir uns auch darüber nicht wundern, da derſelbe Profeſſor an einer andern Stelle den hl. Bernhard († 1153) an Eugen IV. (1431—1447) über das Conſtanzer Concil (1415—1418) ſchreiben läßt.

dern verbot. Diesen frommen Kaiser nämlich wollen die Gegner durch= aus als Gewährsmann für ihre Ansicht haben. Vor seinem Verbot waren, wie der hl. Augustinus behauptet [1], die besagten Ehen weder durch göttliches noch durch weltliches Gesetz untersagt. In diesem Falle also wäre das Verbot nicht von der Kirche, sondern vom Kaiser, und zwar mit der Billigung des hl. Augustinus, ausgegangen. Was ist hierauf zu erwiedern? Es ist nicht nöthig, auf das Gesagte zurückzukommen, daß die Gesetzgebung der römischen Kaiser für sich wenig oder gar nichts beweist; wir brauchen auch nicht auf Ambrosius hinzuweisen, der in dieser Sache anderer Meinung ist, als sein Schüler; Augustinus will offenbar nur sagen, daß jene Ehen nicht durch ein ausdrückliches Verbot untersagt waren. Nichtsdestoweniger wehrte, wie der hl. Vater hinzu= setzt, die Sitte dieselben, und man verabscheute dergleichen Ehen fast wie die Ehen unter Geschwistern. Wie heilig aber die Sitte in Ehesachen zu beobachten sei, hatte er unmittelbar vorher mit den Worten ausge= sprochen: „Wenn es unrecht ist, aus Habsucht die Grenzen der Aecker zu überschreiten, wie viel mehr ist es unrecht, aus Fleischeslust die Grenze der Sitte zu unterwühlen!" Aehnlicher Weise hatte ja auch Basilius, wie wir oben gesehen, gesprochen: „In solchen Sachen (er meint die Schließung der Ehe) ist am meisten auf die bei uns herrschende Ge= wohnheit zu sehen; sie hat Gesetzeskraft, weil die Regeln uns von hei= ligen Männern überliefert wurden." Doch wir können noch eine andere Stelle eines Zeitgenossen anführen, die ganz speciell die Ehen unter Geschwisterkindern betrifft. Papst Siricius [2] mit einer römischen Synode gibt gallischen Bischöfen auf einige Anfragen Antwort. Nachdem er im Eingang die Nothwendigkeit hervorgehoben hatte, die Ueberliefe= rung getreu zu bewahren, will er die wahren Observanzen mittheilen und auf jeden einzelnen Punkt mit der Ueberlieferung er= wiedern. Was behauptet er nun im 14. Canon? „Es ist nicht erlaubt, die Tochter des Onkels zu heirathen." Er gibt diesen Bescheid, ohne sich auf das weltliche, kaum erst erlassene Gesetz zu berufen. Wir sehen demnach hier, was in so vielen andern Punkten des Kirchenrechtes ein= traf. Das Gewohnheitsrecht hatte längst diese Ehen gewehrt, be= vor ein geschriebenes Gesetz sie untersagte, mochte vielleicht auch die streng verpflichtende Kraft der Sitte nicht allerwärts anerkannt und

---

[1] De civ. Dei XV. c. 16.
[2] Coustant, Ep. Rom. Pont. p. 687 sq.

Schwankung, sowie Unsicherheit mehrmals eingetreten sein. Es ist das in der Natur des Gewohnheitsrechtes begründet.

107. Traten nun solche Fälle der Unsicherheit ein, so wandte man sich, wie in andern Punkten, so ganz besonders in Ehesachen an den Papst. Dieses geschah nicht nur bei der Frage über die Ehelosigkeit der gottge= weihten Jungfrauen und Wittwen, Mönche und Priester, nicht nur in Betreff der Wiederverheirathung geschiedener Gatten, sondern vorzüglich beim Ehehinderniß der Verwandtschaft. So wünschten, wie oben er= wähnt, die gallischen Bischöfe über mehrere Punkte vom Apostolischen Stuhle die wahren Observanzen zu erfahren, unter Anderm, ob es ge= stattet sei, die Frau des Onkels zu heirathen. Dieß geschah gegen Ende des vierten Jahrhunderts. Ennodius († 521), Bischof von Padua, fragte gleichfalls, als Zweifel über die Erlaubtheit der Ehe seiner Nichte mit einem Verwandten entstand, beim Papste an [1]. Bekannt ist auch, daß Augustinus, Erzbischof von Canterbury, sich an Gregor I. wandte, wie weit das Ehehinderniß der Verwandtschaft reiche oder bei den neu= bekehrten Angelsachsen einzuschränken sei. Solche Anfragen zeigen, bei wem nach der Ueberzeugung jener Bischöfe das Recht der Gesetzgebung über Ehehindernisse war, bei der Kirche oder beim Staate. Sie ge= währen uns aber auch Aufschluß über die Disciplin der frühern Jahr= hunderte; die Gesetze der alten Kirche wurden eher geübt, als geschrieben und häufig von Synoden und Päpsten dann erst eingeschärft, als man anfing, die Sitte außer Acht zu lassen. Nach dem Gesagten handelte Theodosius ganz als treuer Sohn der Kirche, als er der längst zu Recht bestehenden kirchlichen Sitte und Anschauung auch durch weltliche Gesetze Nachdruck verlieh. Das ist ja, wie wir früher bemerkt, der sehnlichste Wunsch der Kirche. Daß aber nicht von diesem Gesetze die verpflichtende Kraft des betreffenden trennenden Ehehindernisses herrührte, dafür spricht noch ein anderer Umstand. Die Kirche hielt nämlich auch nach Aufhebung dieses Verbotes von Seiten des Staates an dem Ehehinderniß fest.

108. So sehen wir die Kirche längst vor dem Mittelalter mit ihrer Gesetzgebung die ehelichen Verhältnisse ordnen und unabhängig vom Staate trennende Ehehindernisse aufstellen, wie schon der Heiland Aehnliches gethan. Denn wenn Dieser die Wiederverheirathung zu Lebzeiten des geschiedenen Gatten als Ehebruch verdammt, stellt Er da nicht das tren= nende Hinderniß des Ehebandes auf, obwohl der Staat solche Ehen all=

---

[1] Epist. l. 5. ep. 24. Opera Sirmondi I. 886.

gemein für gültig erachtete? Wie der Heiland kraft seiner göttlichen Machtbefugniß Solches ganz und gar unabhängig vom Staate thun durfte, so konnte er eine ähnliche Gewalt seiner Kirche hinterlassen, ja er mußte es thun, falls er die Ehe zum Sacrament erheben und damit der Hut der Kirche unterstellen wollte. Im Bewußtsein dieser von jeher geübten Gewalt hat denn die Kirche auf dem Concil von Trient als Glaubenssatz ausgesprochen: „Wer da sagt, daß die Kirche nicht die Macht habe, trennende Ehehindernisse zu setzen, oder bei deren Anordnung geirrt habe, der sei im Banne." Dieser Canon mußte unsern Gegnern, die dem äußern Scheine nach katholisch bleiben wollten, viele Sorgen machen. Wie haben sie sich gedreht und gewendet, um vorbei zu kommen! Da das Concil von Trient in der ganzen Kirche unbezweifelt angenommen war, konnten sie es nicht wie Sarpi machen und offen dasselbe verwerfen. Sie griffen darum zu den Schleichwegen Launoi's, die Nuytz, trotzdem daß sie von Pius VI. verurtheilt waren, in der folgenden 70. These wieder betritt:

> „Die tridentinischen Canones, welche die Strafe des Anathems über
> „Jene verhängen, die es wagen, der Kirche die Vollmacht zur Auf=
> „stellung von trennenden Ehehindernissen zu bestreiten, sind nicht
> „dogmatisch, oder von dieser entlehnten Gewalt zu verstehen."

109. Eine erbärmliche Ausflucht! Auch ein Anfänger der Theologie weiß, daß die tridentinischen Beschlüsse über die Ehe nach dem von der Synode gewöhnlich eingehaltenen Gange zwei Theile umfassen, von denen der erste dogmatischer Natur ist und den Titel: „Lehre über die Ehe" führt, der zweite aber die Sittenverbesserung betrifft. Der fragliche Canon ist nun im ersten Theile und wird sammt den übrigen Canones aufgestellt, nachdem das Concil erklärt: „es habe die wichtigeren Häresien und Irrthümer der von der Kirche Getrennten zu unterdrücken nothwendig erachtet, indem es gegen ihre Irrthümer folgende Anathematismen beschließe." Man sieht, das Concil will in seinen Canones nicht etwa eine Disciplinarfrage regeln, sondern eine Glaubenslehre den Häresien und Irrthümern gegenüber feststellen. Dasselbe erhellt aus dem Inhalt unseres Canons. Er handelt von einer Behauptung, einer Lehrmeinung, der Gewalt der Kirche über Ehehindernisse, vom Irrthum, den sie angeblich durch ihre Aufstellung begangen. Wenn nun auch die Ausübung einer Gewalt zur kirchlichen Disciplin gehört, so gehört doch die Wirklichkeit und Wahrheit der Gewalt zum Dogma. Auch verschlägt es nichts, wenn die Gegner uns der Leichtfertigkeit anklagen, weil wir aus

der Androhung des Bannes ohne Weiteres folgern, der Canon sei dog=
matisch. Launoi beruft sich auf eine römische Synode unter Gregor II.,
die unter Anderem festgesetzt: der seine Pathin heirathet, sei im Bann.
Wäre es nicht nothwendig gewesen, Erudition zu zeigen, so brauchte
Launoi nicht so weit zu gehen; er hätte einfach auf die allbekannte
Thatsache hinweisen können, daß Jeder, welcher mit Verachtung eines
trennenden Hindernisses die Eingehung einer Ehe versucht, in den Bann
der Kirche verfällt. Aber der Canon des Concils von Trient lautet
ganz anders; er spricht nicht von Solchen, die factisch wider das Ver=
bot der Kirche eine Ehe versuchen, sondern von denen, welche behaupten,
die Kirche besitze zur Aufstellung der Ehehindernisse keine Gewalt und
habe mithin durch die Aufstellung geirrt. Es handelt sich also nicht um
ein sündhaftes Werk, das die Ausschließung aus der Kirche nach sich
zieht, sondern um eine Meinung, eine Behauptung, einen Satz und um
die entgegenstehende Wahrheit, daß die Kirche wirklich die fragliche Ge=
walt besitze, und diese Wahrheit wird von der Synode unter Androhung
des Bannes gegen deren Läugner definirt, mit andern Worten, der in
Rede stehende Canon ist dogmatisch [1].

110. Was folgt daraus? Daß dieser Canon auch nicht von einem
der Staatsgewalt entlehnten Rechte zu verstehen ist, wie der zweite Theil
der 70. These behauptet. Denn die Kirche kann nicht einen dogmati=
schen Canon aufstellen über einen Satz, der nicht ausdrücklich oder ein=
schließlich im geschriebenen oder überlieferten Worte Gottes enthalten ist.
Die göttliche Offenbarung sagt aber nichts von der Gefälligkeit der welt=
lichen Fürsten, die der Kirche das Recht, trennende Ehehindernisse auf=
zustellen, gewähren würden. Es stände dann auch die Wahrheit der
katholischen Dogmen auf schwachen Füßen; sie hinge von der Nachsicht
und Güte der weltlichen Regierung ab.

Noch andere Folgerungen sind hier zu ziehen; hat die Kirche ein

---

[1] Der obenerwähnte Vigil stellt zur Beurtheilung der fraglichen Tridentini=
schen Canones ein anderes Kriterium auf. „Bei der Behandlung der Frage, ob ein
Concil eine dogmatische Entscheidung erlassen hat, muß man voraussetzen, daß die
(als Dogma definirte) Sache zum Glauben gehört und geoffenbart worden ist, was
man nur durch die Schrift und die Tradition erkennen kann." (Defensa de la
autoridad de los gobiernos. disert. 11. p. 136.) Da ist die katholische Regel
geradezu auf den Kopf gestellt; anstatt aus den Entscheidungen allgemeiner Concilien
über den Inhalt von Schrift und Tradition zu urtheilen, will Vigil es umgekehrt
gemacht wissen, um den klarsten Concilienbeschlüssen die verpflichtende Kraft zu neh=
men. Einer weiteren Widerlegung bedarf es nicht.

ihr von Gott verliehenes Recht, selbstständig Ehehindernisse zu setzen, so
kann der Staat die von ihr gesetzten Ehehindernisse nicht aufheben; denn
eine von Gott verliehene und unabhängig von der weltlichen Regierung
bestehende Befugniß kann durch diese nicht verkümmert werden. Mithin
entbehrt der in Nr. 68 ausgesprochene Satz, von der Staatsbehörde
seien die bestehenden (kirchlichen) Ehehindernisse aufzuheben, aller rechtlichen Grundlage.

111. Es folgt ferner, daß der Staat nicht die Gewalt hat, unabhängig von der Kirche trennende Ehehindernisse zu setzen [1]. Denn es ist
ein Widersinn, daß Zwei unabhängig von einander über eine und dieselbe
Sache die höchste Gewalt besitzen. Hier gilt der bekannte Satz: Niemand
kann zwei Herren dienen. Wie wäre es, um ein anderes Gleichniß anzuführen, möglich, daß zwei Eigenthümer unabhängig von einander über
dieselbe Sache verfügen könnten? Uebrigens folgt das Nämliche aus
dem schon oben ausgesprochenen Grundsatz, daß das Eheband wegen
seines sacramentalen Charakters etwas Heiliges ist und darum nur der
Gesetzgebung und Gerichtsbarkeit der Kirche untersteht, nicht aber der
des Staates. Diese Anschauung liegt den folgenden Worten des Tridentinums [2] zu Grunde: „Es ist nicht zu bezweifeln, daß die heimlichen
Ehen (clandestina matrimonia) wahre Ehen sind, so lange die Kirche
sie nicht für ungültig erklärt hat, und darum sind mit Recht Jene zu
verdammen, wie auch die hl. Synode dieselben in den Bann erklärt,
welche die Gültigkeit dieser Ehen läugnen und welche fälschlich behaupten, die ohne Zustimmung der Eltern eingegangenen Ehen seien ungültig." Nach römischem Recht, wenigstens nach der Auslegung ange-
sehener Juristen, wären nun die ohne Zustimmung der Eltern eingegangenen Ehen ungültig; es konnte gleicherweise wiederum dem Staate
einfallen, diese Ehen für ungültig zu erklären, wie es in der That später in Frankreich geschehen ist. Auf welche Weise konnte darum die
Kirche den Bann über alle diejenigen aussprechen, welche die Gültigkeit
genannter Ehen bezweifeln würden, so lange die Kirche sie nicht für
ungültig erklärt hat, wenn nicht die Macht, trennende Ehehindernisse
unter Christen aufzustellen, einzig und allein bei der Kirche wäre? Hier-
nach hat denn auch die Kirche in ihren Gerichten immer gehandelt, moch-

---

[1] Daß aus Tradition und Kirchengeschichte nichts Entscheidendes gegen diese
Behauptung vorgebracht werden kann, wurde n. 103 ff. gezeigt.
[2] Sess. XXIV. de ref. c. 1.

ten auch einige Theologen anderer Meinung sein. Beweis dafür ist die von Pius VI. bestätigte und wiederholt von Rom eingeschärfte Erklärung der Congregation des Concils, daß „den Ehen der Gläubigen, welchen kein canonisches Hinderniß entgegenstehe, in Bezug auf die eheliche Verbindung ihre Gültigkeit verbleibe, und daß deren Band unauflöslich sei, was auch immer für Hindernisse wären, die von der weltlichen Gewalt ohne Befragen und Billigung der Kirche mit Unrecht und nichtiger Weise aufgestellt würden."

Noch schärfer sind die beiden andern hier berührten Folgerungen in der von der gesammten Kirche als dogmatische Entscheidung verehrten Bulle Pius' VI. Auctorem fidei ausgesprochen [1].

112. Trotz dieser Verurtheilung hat der katholisch sein wollende Professor des Kirchenrechts die genannten Sätze in der 68. These wiederum aufgestellt, um das katholische Dogma mit der Civilehe auszusöhnen. Daß dieses besonders seine Absicht war, geht aus der 71. These hervor:

---

[1] „59. Die Lehre der Synode, die behauptet: es komme ursprünglich (originarie) nur der höchsten politischen Macht zu, für den Ehecontract Hindernisse der Art zu setzen, welche ihn null und nichtig machen und trennende genannt werden, welches ursprüngliche Recht außerdem als mit dem Rechte zu dispensiren wesentlich verbunden dargestellt wird; mit der zugefügten Bemerkung, die Zustimmung oder Nachsicht der Fürsten vorausgesetzt, habe die Kirche mit Recht Hindernisse aufstellen können, welche die Ehe selbst trennen: als wenn die Kirche nicht von jeher und auch jetzt noch die Macht besäße, für die Ehen der Christen, aus eigener Befugniß, Hindernisse aufzustellen, welche die Ehe nicht nur unerlaubt, sondern auch nichtig in Bezug auf das Eheband machen, wodurch die Christen auch in den Ländern der Ungläubigen verpflichtet bleiben und in denselben dispensiren:

„(Diese Lehre) ist eine Läugnung des 3., 4., 9., 12. Canons der 24. Sitzung des Concils von Trient und häretisch."

„60. Ebenso die Bitte der Synode an die Staatsgewalt, sie möge aus der Zahl der Hindernisse die geistliche Verwandtschaft und das sogenannte Hinderniß der öffentlichen Ehrbarkeit, deren Ursprung aus der Gesetzsammlung Justinians herrührt, streichen; ferner das Hinderniß der Schwägerschaft und Blutsverwandtschaft ... auf den vierten Grad (civilrechtlicher Computation) in der Seitenlinie einschränken, so jedoch, daß keine Hoffnung auf Dispens gelassen werde: inwiefern sie der Staatsgewalt das Recht zuspricht, die durch die Autorität der Kirche aufgestellten oder bestätigten Hindernisse aufzuheben oder einzuschränken; ebenso inwieweit sie voraussetzt, daß die Kirche durch die Gewalt des Staates ihres Rechtes, in den von ihr aufgestellten oder bestätigten Hindernissen zu dispensiren, könnte beraubt werden:

„(Diese Bitte) ist ein Umsturz der Freiheit und Gewalt der Kirche, dem Tridentinum entgegen und aus dem häretischen, vorher verdammten Principe hervorgegangen."

„Die tridentinische Form verpflichtet nicht unter der Strafe der „Ungültigkeit, wo das Staatsgesetz eine andere Form festsetzt und „will, daß die Ehe, die nach dieser neuen Form abgeschlossen wird, „gültig sei."

Dieser Satz ist nichts Anderes als eine Anwendung der von Nuyts aufgestellten, von der Kirche aber auf das Feierlichste in der Bulle Auctorem fidei verworfenen Grundsätze, und also falsch. Denn da die tridentinische Form von der Synode unter Strafe der Ungültigkeit vorgeschrieben, mithin ihre Vernachläffigung von der Kirche als trennendes Ehehinderniß aufgestellt ist, da der Staat ferner gemäß der Bulle Auctorem fidei nicht die Befugniß hat, die kirchlichen Ehehinderniffe aufzuheben, so verpflichtet noch jetzt die tridentinische Form unter Strafe der Ungültigkeit, mag auch der Staat eine andere Form aufstellen und erklären, jede nach dieser neuen Form geschlossene Ehe sei gültig.

Hieraus geht auch die Verwerflichkeit der sogenannten Gewiffensehen hervor, die leider in Süddeutschland an einigen Orten eingeriffen sind. Wo das Tridentinum publicirt und keine Dispens erhalten ist, darf keine Ehe als gültig betrachtet werden, die nicht vor dem Pfarrer und zwei Zeugen eingegangen wurde; jede andere Verbindung unter Christen ist nach der Lehre der katholischen Kirche ein Concubinat.

113. Wir kommen jetzt zur 72. These.

„Bonifacius VIII. hat zuerst die Behauptung aufgestellt, daß das „bei der Ordination abgelegte Gelübbe der Keuschheit die Ehe un- „gültig mache."

Warum diese These den italienischen Liberalen so sehr gefallen und anderseits von der Kirche verworfen werden mußte, leuchtet unschwer ein; sie ist nämlich ganz geeignet, die strenge Pflicht des Cölibates zu lockern. Der Priester ist durch einen doppelten Grund hierzu angehalten, einestheils durch das freiwillige, bei der Ordination wenigstens thatsächlich abgelegte Versprechen der Keuschheit, dann aber durch das Kirchengesetz. Der Versuch einer Priesterehe ist mithin nicht nur Uebertretung eines Kirchengesetzes, sondern zugleich ein Treubruch an einem ganz freiwillig übernommenen Versprechen, der Verrath der eigenen, im Angesicht der Kirche bethätigten und durch den Empfang der Sacramente besiegelten Ueberzeugung. War man aber einmal mit diesem Gelübbe der Keuschheit fertig, so blieb nur noch das einfache Ehehinderniß der Weihe, das nach Nuyts [1]

---

[1] Nuyts betheuerte jedoch später, daß er den Priestercölibat durchaus billige.

von Juſtinian aufgeſtellt und dann auch von der Kirche anerkannt wurde; dieſes aber durfte der Staat nach der Theorie jenes Profeſſors auf= heben, wie er es geſetzt hatte. Daß hierauf die Abſicht der italieniſchen Liberalen geht, beweiſt auch eine von der Kölniſchen Zeitung d. J. Nr. 87 gebrachte Notiz. Darin wird als ein Triumph der liberalen Sache aus Turin vom 24. März u. A. berichtet, es ſei im Parlament „bewirkt, daß die Perſonen, welche die geiſtlichen Weihen erhalten haben, für nicht unfähig, eine Ehe abzuſchließen, erflärt wurden.“

Was hier gegen den italieniſchen Liberalismus geſagt wird, darf nicht auf alle Gelehrten bezogen werden, die da läugnen, daß das mit der Weihe verbundene Gelübde die Ehe ungültig mache, denen aber jene verwerfliche Abſicht durchaus fern liegt. Si duo faciunt idem, non est idem.

Dieſes vorausgeſetzt, läßt ſich nun die Falſchheit der von den Li= beralen aufgeſtellten 72. Theſe mit Leichtigkeit beweiſen.

114. Vor Bonifacius war es allgemein angenommene Lehre der Theologen und Canoniſten, daß mit der Weihe ein ſtillſchweigendes Ge= lübde der Keuſchheit verbunden ſei. Dieß ergibt ſich aus Gratian [1], dem hl. Thomas [2], dem hl. Bonaventura [3]; ebenſo ſetzt Innocenz III. [4] vor= aus, daß bei der Weihe der höhern Kleriker in der abendländiſchen Kirche thatſächlich das Gelübde der Keuſchheit abgelegt werde. Denn wo er den Grund angeben will, warum die Kinder der griechiſchen Prieſter nicht wie die der lateiniſchen illegitim ſind, behauptet er, „weil die morgenländiſche Kirche das Gelübde der Keuſchheit (bei der Weihe) nicht angenommen hat.“ Innocenz III. fonnte dieſes thun, weil ſchon Gregor I. an einer in die canoniſchen Rechtsſammlungen aufgenommenen Stelle verboten hatte, Jemanden zum Subbiacon zu weihen, der nicht verſpreche, keuſch leben zu wollen.

Es wird nun freilich dieſes Verſprechen der Keuſchheit nicht aus= drücklich abgelegt, wohl aber die ſtillſchweigende Verpflichtung übernom= men. Daran mahnt der Biſchof die Aſpiranten der Subbiaconatsweihe: „Ihr müßt ſorgfältig erwägen, welche Bürde Ihr heute aus freien Stücken auf Euch nehmen wollt. Denn bis jetzt ſeid Ihr frei, wenn Ihr aber dieſe Weihe empfangen, dürft Ihr vom Vorſatz nicht mehr abgehen,

---

[1] D. XXVIII. ab init.   [2] Summa II. 2. q. 88. a. 7 et 11.
[3] In libr. sent. IV. d. 38. q. 2.
[4] C. cum olim X. de cler. conj. (III. 3).

fondern müßt für immer Gott dienen und die Keuschheit bewahren." Wer nun nach dieser Mahnung nichtsdestoweniger sich zum Subdiacon weihen läßt, verspricht durch die That ein enthaltsames Leben.

Aehnliches fand bei der sogenannten stillschweigenden Profeß (Ablegung feierlicher Ordensgelübde) statt. Auf verschiedene Weise, z. B. durch Anziehen des Kleides eines Ordensprofessen, verpflichtete man sich auch ohne ausdrückliche Profeß zum Ordensleben, und die Kirche sah das vor Bonifacius als ein wahres Gelübde an [1]. Ja die ältern Orden, wie z. B. der der Benedictiner, die Prämonstratenser, Dominicaner, hatten überhaupt keine ausdrücklichen Gelübde der Keuschheit, sondern gelobten sie einschließlich in dem Versprechen der Bekehrung der Sitten und des Gehorsams [2]. Es ist also falsch, daß man nothwendig das Gelübde in Worte kleiden muß; es genügt nach der Anschauung der Kirche und den Grundsätzen der christlichen Moral zum Gelübde der Keuschheit das unwiderrufliche Antreten eines Gott geweihten, mit der Verpflichtung zur Keuschheit verbundenen Standes. Das geschieht aber beim Empfang der Subdiaconatsweihe.

115. Demgemäß ist sicher, daß nicht erst Bonifacius die Lehre von dem Gelübde bei der Subdiaconatsweihe erfunden habe. Wurde aber ein eigentliches Gelübde dabei abgelegt, so ist hierin offenbar der nächste Grund zu suchen, der den höheren Klerikern die Ehe wehrt. Und wenn Innocenz III. in der angezogenen Decretale die Ursache, warum die Kinder der lateinischen Priester illegitim sind, in jenes Gelübde setzt, so mußte er consequent auch in demselben den nächsten Grund des Ehehindernisses suchen. Dieß wurde denn auch vor Bonifacius VIII. mit der größten Entschiedenheit von der Wissenschaft behauptet. Man sehe nur die oben citirten Stellen aus dem hl. Thomas und Bonaventura. Beachtenswerth ist auch, daß das zweite Concil vom Lateran (1139) in dem Canon, worin es die Nichtigkeit der Ehen der höheren Kleriker aussprach, als Grund davon bei diesen ebenso wohl als bei den Mönchen und Nonnen angibt: sie übertraten durch die Heirath den heiligen Vorsatz (sanctum propositum). Ein bloßer Vorsatz ist freilich noch kein Gelübde, da ihm die diesem innewohnende strenge Verpflichtung mangelt; aber offenbar ist an genannter Stelle kein bloßer Vorsatz, sondern etwas streng Verpflichtendes zu verstehen, das ganz und gar in gleicher Weise

---

[1] Dist. 27. q. 1. c. 6; c. stat. X. de regular. cf. Suaresii de relig. VI. c. 1.
[2] Siehe die Formeln bei Martene, de ritibus II. 145 sq.

den Ordensleuten wie den Weltgeistlichen zukommt. Dieß kann aber nur das Gelübde der Keuschheit sein. Zudem war der Ausdruck sanctum propositum, propositum castitatis ganz gebräuchlich, um das Gelübde der Keuschheit und den durch dasselbe eingegangenen Lebensberuf zu bezeichnen, wie sich aus zahlreichen Stellen beweisen läßt [1].

116. Der tiefere Grund für diese Lehre ist folgender: Jeder hat ein natürliches Recht auf die Heirath; das will auch die Kirche nicht verkümmern, darum will sie Niemanden die Bürde der beständigen Enthaltsamkeit auflegen, es sei denn, er hätte unwiderruflich durch das Gelübde der Keuschheit auf die Ehe verzichtet. Dieses sagt ausdrücklich Gregor I. und eben deßhalb will er den Subbiaconen von Sicilien nicht die Ehe verbieten, weil man ihnen die strenge Pflicht der Enthaltsamkeit nicht auferlegt hatte. Es herrschten nämlich in der alten Kirche manche Schwankungen in Betreff des Cölibats der Subbiaconen. Gregor befiehlt aber, in Zukunft Niemanden die Subbiaconatsweihe zu ertheilen, der nicht Enthaltsamkeit gelobte. Legte man nun bei der Weihe ein Gelübde der Keuschheit ab, so konnte die Kirche ganz in Uebereinstimmung mit ihren anderweitigen Principien die Nichtigkeit der darauf folgenden Ehe aussprechen. Doch davon haben wir oben schon gesprochen. Wir zeigten nämlich, daß eine geistige Ehe durch das mit dem Ordensleben und den höhern Weihen verbundene Gelübde eingegangen werde, mithin es ganz den Grundsätzen der katholischen Kirche angemessen sei, die folgende Ehe für ungültig zu erklären.

117. Gegen das hier Erörterte läßt sich nicht einwenden, das Concil von Trient habe bestimmt, nicht das Gelübde, sondern das Gesetz der Kirche mache die Ehen der höhern Geistlichen ungültig. Daß dieß unrichtig ist, ergibt sich zuerst aus der unbestimmten Fassung des fraglichen Canons, noch mehr aber aus der Erklärung, welche der Cardinal Hosius, einer der Präsidenten des Concils, den Notarien der Versammlung zuschickte, es sei nicht die Absicht des Concils gewesen, zu bestimmen, das Gesetz des Cölibats sei ein Gesetz der Kirche, was gar nicht erörtert worden sei, sondern es habe nur den Irrthum Luthers mit dessen eignen Worten verwerfen wollen, die da waren: „trotz dem Kirchengesetz

---

[1] Siricii ep. ad Gallos ap. Constant p. 688. Conc. Turon. I. c. 6. Conc. Araus. I. c. 22. Cf. d. 27. q. 1. c. 2, wozu Bonaventura bemerkt: propositum, quod est firmatum publica testificatione, in qua est votum solemne. Martene l. c. p. 162. 164. 179. 192.

ober dem Gelübbe." Wie Hosius sprach sich auch der Carbinal Mabruccio und der von Lothringen aus [1]. Angenommen aber auch, daß es ganz ungewiß sei, ob das Gelübbe oder das Gesetz die Ehe ungültig mache; sicher ist die 72. These falsch, Bonifacius habe zuerst die Behauptung aufgestellt, daß das bei der Ordination abgelegte Gelübbe der Keuschheit sie ungültig mache.

Ueber die Vollkommenheit und Bedeutung des um Gottes willen erwählten Cölibats haben wir schon früher gesprochen und darum können wir die beiden Irrthümer (Abschaffung des Cölibats und Vorzug des Ehestandes vor dem jungfräulichen Stande) übergehen, welche der Papst in der Anmerkung zu §. VIII. verurtheilt, und ein wenig auf die 67. These eingehen, deren Erörterung uns noch erübrigt. Die Hauptsache ist auch hier bereits abgethan, da früher [2] schon die Falschheit der These bewiesen ist; wir wollen nur zeigen, wie Pius IX. ganz conform der katholischen Tradition durch die Verwerfung dieser These gehandelt hat. Sie lautet:

„Nach dem Naturrecht ist das Band der Ehe nicht unauflöslich, und in verschiedenen Fällen kann eine Ehescheidung im eigentlichen Sinne des Wortes durch die Staatsbehörde gesetzlich bestimmt werden."

118. Nur der erste Theil dieser These ist von Nuyts behauptet worden; er wurde mit denselben Worten durch das Breve „Ad Apostolicae" verworfen. Der zweite Theil des Satzes ist der Allocution „Acerbissimum" vom 27. September 1852 entnommen und betrifft einen in der Republik Neu-Granaba gemachten Gesetzesvorschlag. Nuyts sagt: bir Natur rathe freilich bringenb von der Ehescheidung ab, verbiete sie jedoch nicht strenge, weil „die Gründe für die Unauflöslichkeit der Ehe aufhören können" und „die Incongruenz für sich allein noch kein unbedingtes Gebot mit sich bringt."

Die Tragweite der ganzen These ist leicht zu errathen; der Liberalismus sagt: wenn der Staat eine bestimmte Form zur Eingehung einer gültigen Ehe vorgeschrieben, so würde durch deren Beobachtung eine wirkliche Ehe geschlossen, ohne daß diese jedoch Sacrament wäre. Eine solche Ehe unterläge mithin nur den Bestimmungen des Naturrechtes. Diesem fügt er nun die Behauptung bei, da das Naturrecht nicht die Unauflöslichkeit der Ehe streng befehle, könne eine solche Ver-

---

[1] Pallavicini, Storia del concilio di Trento. Ed. de Milano 1844. VI. 187.
[2] S. 25. n. 27. S. 30 n. 33. S. 35 n. 40 u. ff.

binbung wiederum aufgelöst werden [1]. Man sieht, auf diese Weise ist es den Wüstlingen sehr bequem gemacht, ihre Leidenschaft zu befriedigen, nur zeigt man auch hierdurch eine geringe Kenntniß des Kirchenrechtes. Denn Pius VII. schrieb in einem Breve an den Erzbischof von Mainz Folgendes: „Es ist gewiß ausgemacht, daß der Ehebund seit seiner ersten Einsetzung, bevor er zur Würde eines Sacramentes erhoben wurde, nach göttlichem Recht ganz unauflöslich gewesen ist, wie Benedict XIV. deutlich zeigt, daß die Väter des Tridentinum in der Lehre über das Sacrament der Ehe trefflich angemerkt hätten. Und obwohl eine solche Unauflöslichkeit der Ehe dem Band der Ehe besonders zukommt, in wiefern sie Sacrament, so geziemt es sich doch auch, iu wiefern sie eine Einrichtung der Natur ist, daß sie nicht aufgelöst werden kann, und der Erziehung der Kinder, wie den andern Gütern der Ehe ist es zuwider (repugnat), daß das Band auflöslich sei, wie der auf Befehl des Concils von Trient herausgegebene Katechismus mit deutlichen Worten uns belehrt." Aehnlicher Weise behauptet Benedict XIV. in seiner für das canonische Recht so wichtigen Bulle „Dei miseratione", daß die Richter, welche vorschnell das Eheband lösen, „die Einrichtung und gleichsam die Stimme der menschlichen Natur" nicht beachteten, schon „der Stammvater der Menschen habe an die Unauflöslichkeit des Ehebandes gemahnt." Benedict folgt hier wörtlich dem Concil von Trient, das mit Berufung auf die Worte des Evangeliums (Matth. 19, 5. 6) ein Gleiches von Adam aussagt, und dann hinzufügt: „die sacramentale Gnade vollende jene (in den Worten Adams bezeichnete) natürliche Liebe und stärke das unauflösliche Band." Es kommt also nach der Lehre des Concils Unauflöslichkeit der Ehe zu, ganz abgesehen von der sacramentalen Gnade, welche die natürliche, durch die Worte Adams bezeichnete Unauflöslichkeit nur befestige. Und mit Recht. Denn die Worte Adams, aus denen Jesus, nicht Christen, sondern Juden gegenüber, die Unauflöslichkeit der Ehe beweist, sind ganz

---

[1] Bigil hat, da er die natürliche Unauflöslichkeit der Ehe nicht angreifen will, sich einen andern Weg erdacht, um dem Staate das Recht der Scheidung beilegen zu können. Es sollte nämlich den Brautleuten befohlen werden, bei der Eheschließung die vom Staate aufgestellten Scheidungsgründe als Bedingungen, unter denen die Ehe ungültig sei, festzusetzen (l. c. Dissert. 13. p. 206). Wie säuberlich! Bigil vergißt nur, daß bei der Ehe keine Bedingungen gemacht werden können, die in Zukunft erst in Erfüllung gehen, und daß die ausdrückliche Ausbedingung der Scheidung beim Ehecontracte diesen selbst ungültig mache.

allgemein und beziehen sich nach ihrem Wortsinn auf die natürliche Liebe und Lebensgemeinschaft, welche der Mensch nach Verlassung der Eltern mit der Frau eingeht [1].

Daß auch die Ungläubigen ihre rechtmäßigen Frauen nicht entlassen und eine andere nehmen dürfen, erklärte ausdrücklich Innocenz III. in der berührten Decretale „Gaudemus"; aber schon vor ihm hatte Innocenz I. (402—417) [2] das Wort Jesu Christi: Was Gott verbunden hat, soll der Mensch nicht trennen, auf die Ehen der Nichtchristen bezogen, und zur selben Zeit nahm die Kirche an manchen Orten keinen unter die Katechumenen auf, der nach Entlassung der ersten Frau eine zweite genommen. Die Kirche Gottes hat mithin von jeher, gestützt auf die Worte ihres göttlichen Meisters, auch die Ehen der Nichtchristen für unauflöslich gehalten, und da zur Beurtheilung dieser Verbindungen nicht die Bestimmungen der christlichen Kirche, sondern nur die des Naturrechtes maßgebend sind, so leuchtet die Falschheit des ersten Theiles der obigen These ein. Ist aber die Ehe gemäß dem Naturrecht unauflöslich, so hat auch der Staat nicht das Recht, ihr Band zu trennen. Hier gelten die übrigens sich von selbst verstehenden Worte Christi: was Gott verbunden, soll der Mensch nicht trennen.

119. Gegen das Gesagte läßt sich nun eine anscheinend erhebliche Schwierigkeit machen. Paulus erlaubt nämlich im ersten Briefe an die Corinther dem zum Christenthum bekehrten Gatten, wenn der andere ungläubig gebliebene Theil ihn böswillig verläßt, zu einer zweiten Ehe zu schreiten. Es ist in diesem Falle also eine Trennung des Ehebandes gestattet; wie ist dieß aber möglich, wenn das Naturgesetz, das unveränderlich ist, es verbietet? Hierauf ist zu entgegnen, daß das Naturgesetz in unserm Falle nicht geändert wird, sondern nur sein Object verliert, worauf es sich bezieht. Erläutern wir dieses durch einen analogen Fall. Nach dem Naturrecht steht es fest, daß man Verträge und Versprechen halten muß. Dennoch sind Fälle denkbar, wo das durch den Vertrag oder das Versprechen begründete Recht erlischt, auch ohne daß

---

[1] Es ergibt sich also aus Matth. 19, 5. 6 nicht nur, daß Gott die Unauflöslichkeit der Ehe im Paradiese durch ein positives Gesetz angeordnet und dann im Evangelium wieder hergestellt, sondern auch, daß er durch beides das Naturrecht in dem fraglichen Punkte bekräftigt habe. Auch Benedict XIV. zieht aus genannter Stelle den Schluß, die Unauflöslichkeit der Ehe sei aus natürlichem, göttlichem und evangelischem Rechte. (Questiones canon. DXLVI. n. 33. resp. 27.)

[2] Ep. 17. Coustant l. c. p. 832.

der Contract vollzogen wird, z. B. wenn die Erfüllung unmöglich wird, oder der Berechtigte Verzicht leistet. In diesen Fällen wird das Naturgesetz, welches uns zur Haltung der Verträge verpflichtet, nicht verletzt, auch wenn wir nicht das Versprochene oder Ausbedungene leisten. Was nun die Ehe betrifft, so ist der nächste Grund der Pflicht das unveräußerliche, vom Urheber der Natur angeordnete Recht des einen Ehegatten auf den andern. Gott als höchster Herr des Menschen und aller seiner Rechte kann dieses Recht durch den Tod, aber auch auf andere Weise aufheben. In diesem Falle wird der Gatte frei, hört eben auf Gatte zu sein. Was Gott verbunden, kann der Mensch nicht lösen, wohl aber Gott selber. Es ist somit die Auflösung der Ehe durch göttliche Dispens [1] möglich, und Paulus, im Bewußtsein, „daß auch er den hl. Geist habe“, hat dieselbe für jenen Fall ausgesprochen [2].

120. Die Schwierigkeit scheint aber auch hiermit noch nicht vollständig gelöst zu sein, denn Gott hat doch mit Nothwendigkeit die Unauflöslichkeit des Ehebandes angeordnet. Freilich, aber wir müssen hier eine doppelte Nothwendigkeit unterscheiden: die erste ist den höchsten Moralprincipien und allen ihren unmittelbaren Folgerungen eigen und ganz und gar unveränderlich; die andere ergibt sich aus der Anwendung der Moralprincipien auf den natürlichen Lauf der Dinge. Diese letztere muß den Gesetzgeber, der das Gewöhnliche, das Allgemeine im Auge haben soll, durchaus bewegen, ein Gesetz zu erlassen, gestattet jedoch in Ausnahmsfällen, wo die nach dem natürlichen Gange der Dinge zu befürchtenden Folgen nicht eintreten, das Gesetz zu suspendiren. Ohne das bleibt jedoch die verpflichtende Kraft für die Untergebenen auch in diesen Fällen bestehen. Denn es wäre um alle gesetzliche Ordnung geschehen, wenn es den Einzelnen gestattet wäre, sich selbst von der Beobachtung eines Gesetzes aus jenem Grunde zu dispensiren. Die Unauflöslichkeit der Ehe gehört nun nicht zu den höchsten Moralprincipien, sondern ist durch die großen sittlichen Nachtheile gefordert, die sich aus der Ehescheidung gemäß dem natürlichen Lauf der Dinge ergeben. Treten nun diese Folgen in Ausnahmsfällen nicht ein oder werden sie durch eine besondere göttliche Vorsehung abgewehrt, so kann der Urheber der Natur, welcher, wie die natürlichen Neigungen, Eigenschaften und Be-

---

[1] Wir verstehen hier dieses Wort nicht im strengen, sondern im weitern Sinne.
[2] Suarez de legibus l. 2. c. 15. n. 28. Billuart. de Sacram. matr. diss. 5. a. 2. §. 1.

dürfniſſe zeigen, ſelbſt die Unauflöslichkeit der Ehe angeordnet hat, das Eheband löſen. Thäte dieß aber der Menſch, ſo würde er frevent= lich in die göttlichen Rechte und Anordnungen eingreifen, denn was Gott verbunden hat, ſoll der Menſch nicht löſen [1]. Hoffentlich wird man aus dem Geſagten den Sinn der ſcholaſtiſchen Unterſcheidung der principia legis naturae primaria und secundaria verſtehen, welche die Theologen und Canoniſten gemeiniglich zur Rechtfertigung jener pau= liniſchen, noch in der katholiſchen Kirche geltenden Beſtimmung machen.

Was nun den Satz des Profeſſor Nuyts: Die Ehe ſei nicht nach dem Naturgeſetz unauflöslich, betrifft, ſo kennzeichnet Pius IX. in ſei= nem Breve Ad Apost. vom 22. Auguſt 1851 denſelben als „falſch.“ Denn nachdem er verſchiedene Sätze jenes Liberalen angeführt, behauptet der Papſt, Nuyts hätte Falſches über die Natur und das Band der Ehe vorgebracht; unter all' den Sätzen handelt aber nur der genannte vom Ehebande.

121. Wir beſchließen hiermit die Charakteriſirung der von Pius IX. verworfenen Theſen. Dieſelbe hat gezeigt, daß der Papſt in der Ver= dammung jener Irrthümer nichts anderes gethan als die katholiſche Lehre und Disciplin, beſonders die Beſtimmungen des allgemeinen Concils von Trient, gegen die Angriffe geſchützt, welche Katholiken unter dem Vorwande, das Dogma mit der liberaliſtiſchen Säculariſation der Ehe zu verſöhnen, gewagt haben. Man wird uns freilich vorwerfen, daß wir uns hierbei lediglich auf den Standpunkt des katholiſchen Glaubens geſtellt. Aber dieß wollten ja auch jene thun, welche dieſe Theſen vor= gebracht haben. Sie wollten Katholiken bleiben. Zudem kann man es weder dem Papſte, noch den andern Biſchöfen, noch den Gläubigen überhaupt verargen, wenn ſie das, was ſie aus innerſter Ueberzeugung für die reinſte Wahrheit halten, den katholiſchen Glauben zum Maßſtabe ihrer Beurtheilung, zur Regel ihres Denkens und Lebens nehmen. End= lich hatten wir vorab das Fundament der katholiſchen Anſchauung, die Lehre, daß die Ehe ein Sacrament ſei, aus der chriſtlichen Offenbarung

---

[1] Auch die beiden andern, im Deuteron. 24, 1 und Trident. sess. XXIVC. bezeichneten Fälle müſſen auf dieſe Weiſe erklärt werden. (Benedict. XIV. Qu. can. l. c. n. 33. 35: „secundum veriorem opinionem“.) Die im moſaiſchen Geſetz gegebene Erlaubniß des Libellus repudii iſt durch Chriſtus aufgehoben; wenn deßhalb ein Jude zu Lebzeiten der geſchiedenen Frau eine zweite heirathet, ſo gilt das bei der Kirche als Ehebruch. (Benedict. l. c. n. 12. „Dubitandum non est de adulterio.“)

bewiesen, und die immensen Vortheile, welche nach dem Zeugnisse der Geschichte aus dieser Anschauung für die Ehe, die Familie, die ganze Gesellschaft sich ergaben, kurz dargestellt. Nichtsdestoweniger wollen wir, um Alle zufrieden zu stellen, die Säcularisation der Ehe und ihre Frucht, die Civilehe, vor das Tribunal der bloßen, vom Glauben nicht erleuchteten Vernunft stellen. Wenn wir hier mit Freimuth sprechen, so geschieht es nicht, um die Bewohner jener Länder, wo die Zwangs=Civilehe bereits besteht, von dieser bürgerlichen Trauung abzuhalten. So lange sie dieselbe als eine rein bürgerliche Sache betrachten, welche nicht die geringste Bedeutung für die Ehe selbst hat, sondern nur wegen der bürgerlichen Folgen in Betracht kommt, so dürfen, ja sollen sie immerhin diese vom Gesetz verlangte Ceremonie vornehmen. Wir wollen die Haltlosigkeit der Grundsätze, worauf die Civilehe beruht, vielmehr deßhalb zeigen, um die katholische Anschauung gegen die Schmähungen ihrer Gegner zu vertheidigen.

122. Die Grundlage der Säcularisation der Ehe besteht darin, daß die Ehe ein rein bürgerlicher Vertrag sei und somit der Gesetzgebung des Staates unterstehe. Ist dieses wahr? Wir läugnen nicht, daß die Ehe civilrechtliche Folgen hat; aber folgt daraus, daß die Ehe selbst ein rein bürgerliches Verhältniß ist? Mit Nichten. Man darf die Sache nicht mit ihren Wirkungen verwechseln. Die Ehe ist, wie wir aus dem Naturrecht bewiesen, ein Institut der Natur, von Gott, dem Schöpfer, angeordnet, welcher ihre Pflichten, Rechte, Bedingungen bestimmt hat und zwar ganz unabhängig von dem Staate, ja vor dem Staate. Denn es geht nicht nur aus der Offenbarung hervor, auch die Heiden haben es mit ihrer bloßen Vernunft erkannt, daß die Familie das Fundament und der Ursprung der staatlichen Gesellschaft ist. Ehe und Familie gehen demnach mit ihrem vom Urheber der Natur selbst geordneten Gesetzcoder dem Staat voraus; mit welchem Recht will der Staat in dieses von Gott gebaute Heiligthum eingreifen?

Die Ehe ist also, wie wir gesehen, eine natürliche, unabhängig vom Staate bestehende Gesellschaft, mit Pflichten und Rechten, die sie vom Urheber der Natur erhalten hat. Wenn es nun die vorzüglichste Aufgabe des Staates ist, das Recht zu schützen, darf er hiervon dasjenige ausnehmen, welches man durch eine nach den Bestimmungen des Naturrechtes und der Religion gültige Schließung einer Ehe erwirbt? Gewiß nicht. Diese unabhängig von ihm durch die Natur und die Religion geheiligten Rechte mißachten wollen, kann nicht der Beruf des Staates sein.

123. Hierzu kommt, daß das Eheband, für sich betrachtet, ein re=
ligiös=sittliches Verhältniß ist. Das haben alle Völker erkannt, indem
sie die Eingehung der Ehe mit religiösen Ceremonien umgaben. In
der That, was bedingen sich die Gatten bei Schließung der Ehe aus?
Ist es nicht ungetheilte Liebe und Treue? Unterstehen solche der Zwangs=
gewalt des Staates? Er kann grobe äußere Vergehen bestrafen, nicht
aber die Liebe und Treue selbst erzwingen, ohne welche die Ehe eine
Hölle auf Erden ist, oder, wenn es hoch kommt, eine rein thierische Ver=
bindung. Was ist ferner die unmittelbarste Wirkung des Ehevertrages?
Das vor Gott und dem Gewissen bestehende Recht des einen Ehegatten
auf die Gemeinschaft mit dem andern. Vermag nun der Staat ohne
die Religion, ja im Widerspruch mit der Religion, dem Gewissen diese
Beruhigung, diese Befugniß zu geben? Nein. Will er also dennoch
selbstständig nicht nur die bürgerlichen Wirkungen, sondern die Ehe selbst
durch Gesetzgebung und richterliche Entscheidung regeln, so greift er in
das religiöse Gebiet, in die Angelegenheiten des Gewissens willkürlich
über. Mag er auch noch so oft behaupten, er beabsichtige bei der Civil=
ehe nur die richtige Scheidung zwischen Kirche · und Staat, er regelt
eine Sache, die als etwas eminent Religiöses der Kirche, nicht aber seiner
Gewalt untersteht. Was soll denn der Staat in Bezug auf die Ehe
thun? soll er sie der Willkür des Einzelnen überlassen? Führte dieß
nicht direct zu den freien Verbindungen der Liebe, zum Socialismus?
Freilich, aber was ergibt sich daraus? Der Staat soll nicht eigenmächtig
in die Ehesachen eingreifen, sondern die religiöse Gesellschaft, ohne welche
die Heiligkeit der Ehe nicht bestehen kann, in ihrer Gesetzgebung schützen
und derselben durch seinen weltlichen Arm Anerkennung verschaffen. Das
Princip der Trennung von Staat und Kirche ist mithin, wie überhaupt,
so ganz besonders in Ehesachen falsch und verderblich. Richtig bemerkt
Walter [1]: die bürgerliche Gesetzgebung muß die Religion zu Hülfe rufen,
denn nur aus dieser kann das nachhaltige Gefühl der Würde und Hei=
ligkeit der Ehe entspringen.

124. In der Einführung der Civilehe gibt es nun verschiedene
Stufen. Verweilen wir einen Augenblick in ihrer Charakterisirung.
Erkennt der Staat Dissidenten an, gibt er dasselbe Recht dem Irrthum
wie der Wahrheit, den elenden Winkelsecten wie der großen christlichen
Religion, so kann er leicht dahin gedrängt werden, diesen Dissidenten

---

[1] Naturrecht S. 132.

eine Civilehe zu gestatten. Folgt aber daraus, daß er ein Gleiches jenen Christen gewähren muß, die mit Verachtung ihrer Religion ohne deren Segen und Weihe eine Ehe schließen wollen? Weit gefehlt, es kann nicht die Aufgabe des Staates sein, Christen in der Verachtung ihrer christlichen Religion zu unterstützen. Dennoch ist auch dieses nicht so schlimm, wie die Zwangscivilehe, wenn nämlich der Staat Alle zur bürgerlichen Trauung nöthigt und keine andere Ehe als gültig anerkennt. Es gibt wohl kaum ein Institut, das an so vielen Widersprüchen leidet. Es ist zuerst ein Widerspruch mit der Ueberzeugung der großen Masse des Volkes, das nur der kirchlichen Trauung die Bedeutung einer gültigen Eheschließung beilegt, und eine bloße Civilehe als ein Concubinat verachtet. Vernehmen wir hierüber einen Ungläubigen [1]: „Die Sitten stehen in unsern Zeiten so weit über den Gesetzen und die Frauen haben so sehr das Bewußtsein von dem Attentat, das die bürgerliche Ehe auf ihre Würde und ihre Freiheit begeht, daß sie sich weigern, sie für etwas Anderes als eine leere Förmlichkeit zu halten; die Meinung der im höchsten Grade skeptischen Männer bestärkt sie mit Grund in solcher Handlungsweise. Die religiöse Trauung ist gegenwärtig die einzige, welche in den Augen der großen Majorität den eigentlichen Charakter und die Achtung verleiht, daß man eine Verbindung als Eheleute eingeht.... Der Geist (der Zeit) verweigert der Civilehe eine ausreichende Bedeutung... die christliche Familie mangelt der gesetzlichen Geltung und die gesetzliche Familie entbehrt, wo die bloße Civilehe vorhanden ist, des moralischen Werthes."

125. Man wird entgegnen, das christliche Volk hält doch die bürgerliche Trauung nicht für etwas Sündhaftes, es kann also ohne Verletzung seines Gewissens dazu angehalten werden; von der andern Seite wäre es eine Verletzung der Gewissensfreiheit, Ungläubige zur kirchlichen Trauung zu zwingen; darum überlasse der Staat die Ehe in der Kirche dem Gewissen eines Jeden und schreibe Allen eine gleiche Form der Trauung vor, die Niemanden im Gewissen beschwere. So wären Alle gleich vor dem Gesetz und Keiner könnte sich gekränkt fühlen.

O zarte Rücksichten für die wenigen Unchristen, um derentwillen ein ganzes Volk mit Laufereien, Schreibereien, Förmlichkeiten belästigt wird! In der preußischen Rheinprovinz sind unter mehr denn 2 Millionen Katholiken äußerst wenige, welche sich mit der bloßen Civilehe

---

[1] De Flotte, esprit de la révolut. p. 2. c. 3. n. 24 et suiv. n. 5. 9.

begnügen und die kirchliche Trauung nicht folgen lassen, in den meisten Gemeinden nicht ein einziger. Um also eine äußere Gleichheit hervor= zubringen, müssen sich jene Millionen nach dieser Handvoll Leute richten. Wenn man durchaus dem Unglauben die gleichen Rechte mit der christlichen Religion einräumen will, fordert dann nicht diese Gleichheit, Jeden nach seiner Ueberzeugung zu behandeln? also den Dis= sidenten eine Ehe ohne religiöse Form zu gestatten, dafür aber auch die Ehe als gültig anzuerkennen, welche der Katholik nach seiner Ueberzeu= gung für vollkommen gültig halten muß? Aber noch mehr; gerade die Ungläubigen, um derentwillen die Civilehe eingeführt ist, gerade sie ver= nachlässigen am leichtesten diese Form. Denn da nach dem Staatsgesetz die Geistlichen die kirchliche Einsegnung nicht vornehmen dürfen, wenn die bürgerliche Trauung nicht vorausgegangen ist, so geschieht es nie= mals, daß die Gläubigen die letztere vernachlässigen. Wer aber sich nichts daraus macht, eine bloße Civilehe einzugehen, die seine Religion als Concubinat verdammt, was wird dessen überzartes Gewissen thun? wird es sich beschwert fühlen, in einer Verbindung zu leben, die der Staat verwirft? O nein, er ist dabei viel freier und ungehinderter. So geschieht es, daß die Wenigen am ersten die Förmlichkeiten außer Acht lassen, welche ihnen zu lieb die ganze Masse des Volkes vornehmen muß.

126. Nicht doch, wird man antworten; es geschieht das nicht we= gen der wenigen Ungläubigen; die Civilehe ist nothwendig, damit der Staat die Civilstandslisten gehörig überwachen kann. Die Ehe hat zu= dem bürgerliche Folgen und Wirkungen, der Staat kann dieselben keiner Verbindung geben, die ohne sein Wissen geschlossen wird.

Alles zugegeben, was folgt hieraus? Die Nothwendigkeit der Ci= vilehe? Durchaus nicht. Auch die Geburt und der Tod haben bürger= liche Folgen und Wirkungen. Ihr Verzeichniß gehört in die Civilstands= register. Was nun? Muß der Staat deßhalb dem Menschen Leben und Tod geben? Nein, es genügt, wenn ihm gehörige Anzeige geschieht. Ein Gleiches genügt bei der Ehe, um jene Register zu führen; es ist nicht nothwendig, daß der Staat der Ehe Sein und Leben gebe. Sie hat dieses von Gott, unabhängig vom Staate. Auch sorgt die Kirche dafür, daß die von der Vernunft geforderten sittlichen Garantien mit einer Vollkommenheit gewahrt werden, wie der Staat sie nicht verlangt, viel weniger verwirklichen kann. Kein Act geschieht zudem mit größerer Offenkundigkeit, als die Trauung in der katholischen Kirche; der Staat kann also mit der größten Leichtigkeit die äußerste Gewißheit davon haben, er braucht nur den Brautleuten zu befehlen, eine Bescheinigung von Seiten des Pfarrers und der Zeugen beizubringen. Es ist also nicht nöthig, die ganze Bevölkerung mit der bürgerlichen Trauung zu incommodiren, wenn es sich bloß um Führung der Civilstandsregister handelt.

127. Man beachte ferner das oben erwähnte Gesetz, wodurch dem Geistlichen verboten wird, die Ehe einzusegnen, bevor die bürgerliche Trauung vollbracht ist, und man wird noch besser die Widersprüche, worauf die Zwangscivilehe beruht, erkennen. Die Vertheidiger derselben behaupten, der Staat müsse von der kirchlichen Trauung absehen, dafür aber eine bürgerliche Form vorschreiben. Was geschieht aber? Der Staat mischt sich in rein kirchliche Ceremonien ein, und hindert den Geistlichen in der Kirche an der Verwaltung des Ehesacramentes; heißt das, von der priesterlichen Einsegnung ganz absehen? heißt das, die Freiheit und Selbstständigkeit der Kirche in ihren Angelegenheiten anerkennen? Man bestraft zudem die Geistlichen für das, was sie nicht begangen, für die Nachlässigkeit der Brautleute. „Ja, denn ohne dieses Gesetz würde man die bürgerliche Trauung' nicht allgemein durchführen können." So? Was will das heißen? Die allgemeine Civilehe kann nur darum bestehen, weil das Volk noch die kirchliche Trauung für nothwendig hält; denn das hauptsächlichste Motiv zur Eingehung der Civilehe ist, weil der Pastor sonst die Einsegnung nicht vornehmen würde. Mit andern Worten, die Civilehe setzt zu ihrem Bestande die Nothwendigkeit der kirchlichen Trauung voraus, also die Falschheit des Principes, worauf sie beruht; dieses ist ja kein anderes, als daß die Ehe etwas Bürgerliches sei, das ohne die Religion gültig könne geschlossen werden. Wo gibt es ein Institut, das solche Widersprüche in sich birgt?

128. Man will mit der Civilehe die Gewissen schonen. Geschieht dieß? Nur auf zwei Fälle soll aufmerksam gemacht werden. Den ersten legen die preußischen Bischöfe in ihrer Denkschrift über die Verfassungs-urkunde vom 5. Dezember 1848 mit folgenden Worten dar, wodurch sie gegen das Verbot, die Ehe vor der bürgerlichen Trauung einzusegnen, protestiren:

„Die katholischen Bischöfe fordert zu lautester Verwahrung auf die Seelengefahr in jenen Fällen, in welchen um des Gewissens willen, um die durch fortgesetzte Aergernisse tief verletzte öffentliche Sittlichkeit wieder vor Gott und den Menschen zu sühnen, ein schweres Unrecht gegen Andere wieder gut zu machen und den verlorenen Frieden in dem zum Bessern erwachten Selbstbewußtsein wieder zurückzuführen, die kirchliche Trauung vorgenommen werden muß, ohne daß der bürgerliche Act in der Dringlichkeit der Umstände vor sich gehen kann. In den meisten dieser Fälle übt ein solches Verbot zugleich den drückendsten Ge= wissenszwang aus, weil dasselbe meistens Sterbende trifft, die dem Tode entgegensehen und alsdann nicht einmal mehr in dem entscheidend= sten Augenblicke ihres Daseins so viel Freiheit haben, daß sie, dem Drange ihres Gewissens folgend, die ihnen von Gott und ihrer Reli= gion gebotene Pflicht erfüllen können, sondern daran durch ein Staats= gesetz sich gehindert sehen, welches ihre religiöse Ueberzeugung und ihren freien Willen, dieselbe auf dem kirchlichen Gebiete thatsächlich zu ver= wirklichen, noch auf dem Sterbebette bis zur Todesstunde gefesselt hält."

Der andere Fall tritt öfter auch im Leben ein. Ein katholisches Mädchen hat in jugendlichem Leichtsinn eine nach kirchlichen Begriffen ungültige Ehe auf dem Rathhause geschlossen. Später gehen ihr die Augen auf, sie erkennt, sie beweint ihr Unrecht, aber sie kann nicht von der Verbindung lassen; das Gesetz, die Rücksicht auf die Kinder, auf den Lebensunterhalt ꝛc. stehen im Wege. Die Arme! Wollte doch der Mann ihr in die Kirche folgen! Aber dieser will es nicht, droht viel= leicht gar im Falle der Trennung mit Gensdarmen, die sie wieder zurück= bringen würden; die bürgerliche Ehe genügt ihm und dem Staate; so bleibt um der Gewissensfreiheit willen das Gewissen des unglücklichen Weibes das ganze Leben hindurch gefoltert.

Aus dem Gesagten geht hervor, daß man nicht bloß vom katho= lischen Standpunkt aus die Civilehe verwerfen muß. Bekräftigen wir dieses durch das Zeugniß eines der berühmtesten neuern Juristen.

129. Als man 1852 die Civilehe in Sardinien einzuführen gedachte, legte man von Turin aus v. Savigny folgende Frage zur Consultation vor: Ist es in den gegenwärtigen Umständen in diesem Zeitalter der Bildung, worin wir uns befinden, gut, die bloß bürgerliche Ehe, wie sie im französischen Code civil besteht, zuzulassen? (Avogadro. I. 299.)

Hier die Antwort des ausgezeichneten Berliner Gelehrten:

„Die Ausdrücke, in denen diese Frage abgefaßt ist, scheinen für eine bejahende Antwort hinzuneigen; sie scheinen anzudeuten, daß die bür= gerliche Ehe ein Fortschritt auf der Bahn wäre, welche die Vorsehung den Menschen angewiesen hätte, um sich der Vollkommenheit zu nähern. Ich habe zweimal Gelegenheit gehabt, mich öffentlich über das Wesen der Trauung auszusprechen, in der Abhandlung vom Röm. Recht und

in einer besondern Abhandlung über die Reform der preußischen Gesetze. . . . Ich habe dort als Princip aufgestellt, daß die Ehe einen Charakter hat, der aus verschiedenen Elementen zusammengesetzt ist, deren
erstes und maßgebendes das moralische und religiöse Element ist, während
bei der Civilehe das juridische Element allein anerkannt und vertreten
ist, das moralische und religiöse Element dagegen mißkannt, vernachläs-
sigt und dem Gutdünken der Einzelnen überlassen, wodurch nothwendig
die Ehe entarten muß. . . .

„In den Zeiten Napoleons waren die verneinenden und zerstörenden Principien viel weniger wirksam und mächtig, als in der Gegenwart. Wenn Sie heutzutage die bürgerliche Ehe in ein Land einführen,
wo sie noch nicht angenommen ist, so wird es viele Personen geben,
welche mit Begierde sie annehmen werden, ohne den religiösen Act folgen zu lassen, die Einen aus Leichtsinn und Eitelkeit, die Andern, weil
sie entschiedene Feinde der christlichen Grundsätze sind.

„Von der andern Seite führt die bürgerliche Ehe in ihrer natürlichen Entwicklung nothwendig zur Annahme der unbeschränktesten Ehescheidung, denn von dem juristischen Gesichtspunkte aus kann man wenig
dagegen sagen, daß die Ehe durch den einfachen Willensact der Gatten
getrennt werde; es ist nur das höhere Princip, das moralische und religiöse, welches das hindern kann. Wenn diese Neuerungen consequent
in's Werk gesetzt werden, wenn bei einer beträchtlichen Zahl der Bevölkerung die Ehe ohne religiösen Act eingegangen, wenn die Scheidung
dem mehr oder weniger absoluten Gutdünken der Ehegatten überlassen
ist, dann wird man bald zu einem Punkte kommen, wo es unmöglich
sein wird, eine entscheidende Grenze zwischen Ehe und Concubinat zu
finden. Dann tritt die Auflösung der Familie ein.

„Ich weiß durch die öffentlichen Blätter, daß bei Ihnen schwere Con-
flicte zwischen der katholischen und der liberalen Partei statthaben.
Man wird vielleicht sagen, daß ich das katholische Princip auf die
Heirath angewandt habe und daß Jeder, welcher nicht ganz und gar
dem katholischen Princip sich unterwerfen will, deßhalb durchaus die
von mir vertheidigte Ansicht verwerfen muß. Hierauf muß ich Ihnen
bemerken, daß ich Protestant bin, daß ich bei meiner Auseinandersetzung
über das Wesen der Ehe nicht vom katholischen Princip, sondern vom
ganz allgemeinen Standpunkte ausgegangen bin. Wenn mithin zum
großen Theil meine Ansicht über das Wesen der Ehe und die sich daraus ergebenden Folgerungen mit den betreffenden Dogmen der katho-

lischen Kirche übereinstimmt, muß dieses Ihnen beweisen, daß die soeben ausgesprochene Ansicht das Resultat der innigsten persönlichen Ueberzeugung, nicht aber aus irgend einer Parteinahme hervorgegangen ist."

130. Von demselben Standpunkte aus ist in neuester Zeit der von liberaler Seite gerühmte Marchese Gino Capponi in Florenz zu demselben Resultat gelangt. Nach der A. A. Zeitung schrieb er also:

„Die bloße Civilehe ist der öffentlichen Meinung gegenüber nichts, kann nichts anderes sein als Concubinat. Nennt die Dinge bei ihrem Namen; erhebet, wenn's euch so gefällt, das Verhältniß des Concubinats und die Stellung der darin erzeugten Kinder, wozu euch die Gesetze schon an die Hand gehen. Aber das Gesetz nenne nicht Ehe, was keine Ehe ist, und was unser Aller Gefühl nicht als solche anerkennt. Aber der Gesetzgeber sage nicht: ich weiß, daß es keine Ehe ist, aber mir paßt es heute, durch eine Fiction es zur Ehe zu machen, und so nicht nur gegen das Gewissen vorzugehen, sondern auch gegen das Schicklichkeitsgefühl, welches so große Macht hat über den civilisirten Menschen.

„Denket, ich bitte euch darum, an das Verhältniß der Frau: würdiget die Ehe nicht zum Contract herab, stellet sie nicht in dieselbe Reihe mit andern Contracten, welche das neue Gesetzbuch zu definiren haben wird, mit dem ihr euch beschäftigt. Bemüht euch, ohne Uebereilung bestmögliche Abhülfe zu finden für ernste, theilweise unvermeidliche Uebelstände, statt noch weit schlimmere selber in's Leben zu rufen; namentlich aber zerstört nicht die Fundamente, auf denen die gesammte Verfassung des bürgerlichen Lebens beruht. Schaffet nicht in diesem Italien, das noch so schwere Proben zu bestehen hat, einen großen Scandal, der vielleicht in der ersten Zeit mindern Lärm machen wird, aber das Innerste der bürgerlichen Gesellschaft schwächen muß, während es darauf ankommt, daß diese Gesellschaft gesund und kräftig sei, um den Stürmen zu widerstehen, die über sie hereinbrechen werden. Wir werden Italien nicht gestalten, wenn es von all' seinen uralten Ordnungen losgerissen ist — wir werden es nicht vertheidigen können, wenn der Tag der Gefahr einbricht. Wenn dann Oesterreich die Familienbande fester angezogen hat, als wir, wenn es an geringerer Zwietracht leidet, als wir, wenn es nicht im Innersten der Gewissen erschüttert ist, so wird Oesterreich stärker sein, als wir."

131. Was dieser Marchese sagt, ist nicht aus der Luft gegriffen. Daß die Civilehe Familie und Volk moralisch zerrütte, bestätigt die Er-

fahrung in schrecklichem Maße; wir haben darüber schon früher gesprochen und brauchen deßhalb nicht mehr darauf zurückzukommen, so sehr auch diese unheilvollen Wirkungen jedem Vernünftigen die Augen öffnen müssen. Wenn heutzutage Familie und Ehe einer so großen Auflösung entgegenschreiten, der Grund davon ist nur in der seit 300 Jahren an= hebenden und immer wachsenden Verweltlichung der Ehe zu suchen. Aus diesem im Schooße der Familie herrschenden Verderbniß strömt, wie aus einer unversiegbaren Quelle, Unheil über Volk und Vaterland:

> Fecunda culpae saecula nuptias
> Primum inquinavere et genus et domos:
> Hoc fonte derivata clades
> In patriam populumque fluxit. (Hor. 3, 6.)

Zur Hebung unserer socialen Uebel haben manche ehrenwerthe Män= ner die größten Anstrengungen gemacht, die verschiedensten Vereine aus= gedacht und in's Leben gerufen. Das ist gut, aber vor Allem ist die Ehe, die Familie nach den Grundsätzen des Glaubens zu reformiren, jene natürliche Gesellschaft, die Gott selbst zur Hei= lung der menschlichen Schwäche und Hülflosigkeit gegründet und reichlich ausgestattet hat. So lange noch unsere Arbeiter die christliche Familie haben, der Mann das christliche Weib, das Weib den christlichen Mann, die Kinder christliche Eltern, die Eltern gute christliche Kinder, die das vierte Gebot noch kennen, so lange hat die Zerrüttung im Arbeiterstand eine feste Schranke, die sie nie überschreiten kann [1].

132. Kirche, Geschichte, Vernunft rufen laut, die Ehe dürfe nicht säcularisirt, nicht der Gesetzgebung und Gerichtsbarkeit der Kirche entzogen werden. Wird diese hl. Autorität verschmäht, so vermag der Staat nicht auf die Dauer die Gewalt über die Ehe zu behaupten, die sich ihrem innersten Wesen nach dieser Gewalt entzieht. Es steht da nichts Anderes in Aussicht, als der Abgrund des Socialismus, und wie weit wir diesem uns genähert, welch' Unheil aus der Säcularisation der Ehe gefolgt, liegt offen am Tage. Dennoch ist Rettung möglich und diese Rettung liegt in der christlichen Anschauung, daß die Ehe etwas Reli= giöses, etwas Heiliges und somit der Hut der Kirche unterstellt sei. Eine Versöhnung dieser christlichen Ansicht mit dem Liberalismus ist unmöglich. Nuyts hat es versucht, was aber bewirkt? Er hat das katholische Grunddogma, daß die Ehe ein Sacrament sei, verrathen und

---

[1] Augsb. Postzeitung. 14. Juli 1865.

in die volle Säcularisation der Ehe eingestimmt. Versöhnung des Glau=
bens mit seinen Todfeinden ist unmöglich. Schon der Prophet hat sol=
ches dem auserwählten Volke zugerufen: Wie lange hinkt ihr auf bei=
den Seiten? Ist der Herr Gott, so folget ihm: ist aber Baal Gott,
so folget ihm. Ebenso mahnt Jesus: Wer nicht mit mir ist, ist wider
mich, und der Apostel bekräftigt es durch die Worte: Welche Gemein=
schaft hat das Licht mit der Finsterniß? Eine Aussöhnung des christ=
lichen Dogma's ist unmöglich mit der Säcularisation der Ehe, unver=
brüchlich muß darum an der katholischen Lehre festgehalten werden, die
Pius IX. so eindringlich in der letzten Encyclica verkündet hat. Er
hat sie nicht erfunden, sondern wie die Apostel im gehorsamen Glauben
die Worte Christi hörten und der Welt predigten, wie sodann jedes ka=
tholische Geschlecht gehorsam die Lehre des frühern in sich aufgenommen
und dem kommenden durch zwei Jahrtausende überliefert, so hat auch
Pius diese im treuen Gehorsam die Jahrhunderte hindurch überliefer=
ten Wahrheiten geglaubt und den Bischöfen verkündet, welche mit dem=
selben gehorsamen Glauben sie den Gläubigen predigen. Durch Ge=
horsam hat Christus die Welt erlöst, nur durch Gehorsam wird diese
Rettung, diese Erlösung der Welt zugewandt. Oh, wenn die 200 Mil=
lionen Katholiken die rettenden Lehren gehorsam annähmen, Gut und
Blut für diese Ueberzeugung einsetzten: dann, dann wäre dem Abgrund
vorgebeugt, worin Liberalismus und Socialismus durch Entheiligung
der Ehe die Menschheit wälzen!

Jeder aber von uns, der gläubig die Worte seines Vaters auf=
nimmt und herzhaft bekennt, hat Antheil an dem unermeßlichen Ver=
dienst, das die den Erdkreis umfassende katholische Kirche vermöge ihrer
Lehre durch Rettung der Welt sich erwirbt. Erneuern wir darum un=
sern Glauben an jene Wahrheit, welche die Kirche nach dem Worte
Gottes und der Lehre der Väter auf dem unfehlbaren Concil von
Trient erklärt und die Pius IX. uns wiederum vorgehalten hat. Be=
kennen wir aus vollem Herzen:

Ich glaube, daß die Ehe eines der sieben Sacramente ist.

Ich glaube, daß die Kirche die Gewalt hat, trennende Ehehinder=
nisse zu setzen, und durch deren Aufstellung nicht geirrt hat.

Ich glaube, daß die Ehesachen vor den geistlichen Richter gehören.

Ich glaube, daß der Ehestand minder vollkommen als der des Cö=
libates und der Jungfräulichkeit ist.

Ich stimme von ganzem Herzen der Kirche bei, wenn sie auf dem

Concil von Trient erklärt, es sei im höchsten Grade gottlos, die Freiheit der Ehe zu verletzen.

Die Wahrheiten meines Glaubens sollen die Richtschnur meiner Gesinnungen, meiner Urtheile, meiner Worte in dieser wichtigsten socialen Frage sein.

Inhaltsverzeichniß.

Berichtigung.

Seite 5 Zeile 15 von unten: „unauflöslichen Ehe einen" statt „einen unauflöslichen Ehe".